O que as pessoas estão falando sobre *Mitos do Ambiente de Trabalho*

"*Mitos do Ambiente de Trabalho* questiona muitos dos pressupostos comuns sobre o ambiente corporativo, em um estilo divertido e acessível, com fundamento em tendências reiteradas e muito almejadas, compondo uma narrativa ao mesmo tempo revigorante e engajadora."

Jayson Darby, Gerente de Psicologia, Thomas International.

"Este livro é esclarecedor, instigante e vantajoso não só para os profissionais de RH, mas para todos os trabalhadores. Conjuga humor, pesquisa e histórias para desafiar algumas das crenças mais difusas e obsoletas que todos temos sobre o trabalho e que relutamos em descartar. Leitura obrigatória!"

Karen Fox, Talent and Development Advisor, JLT.

"Em pouco mais de 20 anos atuando como consultor em empresas de diversos portes e segmentos, observei inúmeras situações semelhantes às abordadas em *Mitos do Ambiente de Trabalho*, que drenam os recursos das empresas e a energia das pessoas. Este livro é uma luz para que os gestores parem de agir no 'piloto automático' e comecem a perceber o impacto que suas atitudes têm sobre sua própria produtividade e de suas equipes."

Marcelo Amaral, Professor e Consultor em Marketing e Vendas.

MITOS
DO **AMBIENTE DE TRABALHO**

—

DESCUBRA POR QUE QUASE
TUDO QUE VOCÊ OUVIU SOBRE
AMBIENTE DE TRABALHO É **MITO**

Copyright © 2018 Ian MacRae e Adrian Furnham
Copyright © 2018 Editora Autêntica Business

Título original: *Myths of Work – The Stereotypes and Assumptions Holding Your Organization Back*

Tradução publicada mediante acordo com a Kogan Page.

Todos os direitos reservados pela Editora Autêntica Business. Nenhuma parte desta publicação poderá ser reproduzida, seja por meios mecânicos, eletrônicos, seja cópia xerográfica, sem autorização prévia da Editora.

EDITOR	REVISÃO TÉCNICA
Marcelo Amaral de Moraes	*Marcelo Amaral de Moraes*
ASSISTENTE EDITORIAL	REVISÃO
Vanessa Cristina da Silva Sá	*Lúcia Assumpção*
CAPA	DIAGRAMAÇÃO
Diogo Droschi	*Guilherme Fagundes*
(sobre imagem de Nikita_Stepanov)	

Dados Internacionais de Catalogação na Publicação (CIP)
(Câmara Brasileira do Livro, SP, Brasil)

Furnham, Adrian

  Mitos do ambiente de trabalho : descubra por que quase tudo que você ouviu sobre ambiente de trabalho é mito / Adrian Furnham e Ian MacRae ; tradução Afonso Celso da Cunha Serra. -- 1. ed. -- São Paulo : Autêntica Business, 2018.

  Título original: *Myths of Work – The Stereotypes and Assumptions Holding Your Organization Back*.

  ISBN 978-85-513-0406-8

  1. Ambiente de trabalho 2. Carreira 3. Gestão de pessoas 4. Recursos Humanos 5. Trabalho I. MacRae, Ian. II. Título.

18-19485   CDD-658.3

Índices para catálogo sistemático:
1. Ambiente de trabalho : Gestão de pessoas : Administração 658.3
Iolanda Rodrigues Biode - Bibliotecária - CRB-8/10014

A **AUTÊNTICA BUSINESS** É UMA EDITORA DO **GRUPO AUTÊNTICA**

São Paulo
Av. Paulista, 2.073,
Conjunto Nacional, Horsa I
23º andar . Conj. 2310 - 2312
Cerqueira César . 01311-940
São Paulo . SP
Tel.: (55 11) 3034 4468

Belo Horizonte
Rua Carlos Turner, 420
Silveira . 31140-520
Belo Horizonte . MG
Tel.: (55 31) 3465 4500

Rio de Janeiro
Rua Debret, 23, sala 401
Centro . 20030-080
Rio de Janeiro . RJ
Tel.: (55 21) 3179 1975

www.grupoautentica.com.br

IAN MacRAE E
ADRIAN FURNHAM

MITOS
DO AMBIENTE DE TRABALHO

—

DESCUBRA POR QUE QUASE
TUDO QUE VOCÊ OUVIU SOBRE
AMBIENTE DE TRABALHO É MITO

TRADUÇÃO Afonso Celso da Cunha Serra

autêntica
BUSINESS

A todas as pessoas com carisma, originalidade, disposição ou talento. Traga-os para o trabalho.

SUMÁRIO

Agradecimentos 11
Introdução 13

MITO 1 – O pessoal deve trabalhar oito horas por dia, de segunda
a sexta 15
MITO 2 – Trabalhar em casa reduz a produtividade 20
MITO 3 – As mídias sociais nunca devem ser usadas no trabalho 27
MITO 4 – Ouvir música durante o trabalho é distração 33
MITO 5 – Saúde e Segurança do Trabalho é o inimigo 39
MITO 6 – A vigilância melhora o desempenho 45
MITO 7 – Criar um ambiente de escritório no estilo Google
tornará o pessoal mais inovador 54
MITO 8 – *Mindfulness* é a resposta para todos os problemas 61
MITO 9 – A neurociência é a solução mágica para os problemas
do ambiente de trabalho 66
MITO 10 – As startups precisam de um tipo diferente de
líder para serem bem-sucedidas 72
MITO 11 – É melhor ter autoestima elevada no trabalho 81
MITO 12 – Só usamos 10% do cérebro no trabalho 87
MITO 13 – Criar ambientes de trabalho sustentáveis é oneroso 91
MITO 14 – A melhor maneira de motivar as pessoas
é pagar-lhes mais 98

MITO 15 – Os trabalhadores que trabalham mais horas são os mais valiosos 105

MITO 16 – As pessoas devem se aposentar aos 65 anos 112

MITO 17 – Os perfeccionistas são os melhores trabalhadores 118

MITO 18 – As mulheres não são tão competitivas quanto os homens 123

MITO 19 – A personalidade das pessoas no trabalho pode ser encaixada em categorias 128

MITO 20 – Sexualidade e gênero devem ser levados em conta no trabalho 137

MITO 21 – Os *Millennials* estão mudando o ambiente de trabalho 143

MITO 22 – Colegas não devem formar pares românticos 150

MITO 23 – Ensinar e treinar são a mesma coisa 156

MITO 24 – As avaliações anuais são a melhor maneira de medir o desempenho 162

MITO 25 – Os melhores executores sempre dão ótimos gestores 171

MITO 26 – Um computador fará o seu trabalho 178

MITO 27 – Os escritórios de plano aberto são sempre a melhor opção ... 185

AGRADECIMENTOS

Gostaríamos de agradecer a todos que, de várias maneiras, nos ajudaram neste livro ou nos apoiaram em seu desenvolvimento. Obrigado a Karen Fox, Joe Parslow, Nicholas Parsons, Paul Rein e Heather Stewart pela ajuda, com agradecimentos especiais a Zohra Ishan, por sua extraordinária ajuda na produção deste livro.

INTRODUÇÃO

O trabalho e os locais de trabalho estão em estado de fluxo. A natureza e as características do trabalho estão sempre mudando, mas a velocidade da mudança parece estar acelerando, desde a entrada de pessoas mais jovens na população ativa até o aumento da automação, da informatização e da mudança nas relações entre trabalhadores e empregadores. Muitos são os mitos e preconceitos sobre o trabalho. Alguns desses mitos ocultam um fundo de verdade, enquanto outros são totalmente inverídicos.

Tratar desses mitos é uma boa oportunidade para discutir os exemplos e as evidências dos locais de trabalho e desmascarar (ou talvez confirmar) preconceitos e equívocos sobre o trabalho. Confrontar os mitos comuns do trabalho é uma ótima maneira de abordar diferentes ideias sobre o trabalho e os locais de trabalho, pois nos permite abordar o tema de maneira mais irreverente, divertida e interessante. Em vez de escrever centenas de páginas discutindo teorias obscuras para chegar a conclusões questionáveis, podemos pular a fase analítica e partir de imediato para as informações e recomendações mais importantes e relevantes para o trabalho.

Ao longo deste livro, usamos histórias, exemplos, estudos de casos e humor para refutar ou confirmar mitos comuns no ambiente de trabalho. O propósito aqui não é denegrir, ridicularizar ou ofender ninguém, mas sim salientar alguns dos aspectos mais ridículos de alguns dos mitos mais comuns do trabalho. A bem do bom gosto e da neutralidade, muitos dos gracejos mais ofensivos foram omitidos, assim como chistes insultuosos envolvendo líderes mundiais, ou algo muito agressivo contra figuras públicas mais infames. Os capítulos foram redigidos para serem descontraídos e divertidos, mas sem comprometer o intuito de esclarecer e eliminar distorções e preconceitos.

Cada capítulo é apresentado como mito; ou seja, como um equívoco ou preconceito sobre o ambiente de trabalho, sua dinâmica e os colegas. Aí se incluem crenças disseminadas, fáceis de contestar, como "os *Millennials* precisam de uma cultura diferente no local de trabalho", e inquietações generalizadas sobre o trabalho, muito mais plausíveis e verossímeis, como "O computador fará o seu trabalho". Embora muitos dos capítulos discutam mitos, clichês e receios infundados, também constatamos que algumas dessas crenças envolvem surpreendente substrato manifesto. Mesmo como autores, pesquisar alguns desses "mitos" revelou muito mais realidades sobre o local de trabalho do que esperávamos a princípio.

Embora todos os capítulos confirmem ou refutem um mito e encerrem uma mensagem específica, um liame importante percorre todo o livro. Seja o capítulo ficção ou realidade, não importa que você o aceite ou o rejeite, a melhor maneira de explorar qualquer uma dessas questões referentes ao local de trabalho é discuti-la. Como autores ou como leitores, podemos assentir ou dissentir em relação a determinado ponto e fazer observações jocosas ou sarcásticas sobre qualquer um desses aspectos do trabalho. Analisamos, realmente, como é óbvio, muitas questões sérias, prementes e por vezes controversas. E é importante conhecer os fatos subjacentes às versões, tais como se apresentam, para sermos capazes de discutir os tópicos de maneira respeitosa, divertida e interessante.

Os capítulos subsequentes devem ser pontos de partida, e a melhor maneira de aprimorar o local de trabalho é levantar esses pontos no próprio local de trabalho.

MITO 1
O PESSOAL DEVE TRABALHAR OITO HORAS POR DIA, DE SEGUNDA A SEXTA

O trabalho flexível chegou para ficar, ao menos no futuro previsível – consiste na diversidade dos padrões de trabalho, de modo que cada pessoa possa escolher as horas de início e fim da jornada e o local onde será executado o trabalho, se em casa, no escritório ou em outro lugar.

Introdução

Todos aprendemos a ver os e-mails no domingo à noite e a trabalhar em casa. Mas poucos aprendemos a ir ao cinema segunda à tarde (SEMLER, 2014).

Algumas pessoas amam o trabalho. Outras não tiram o olho do relógio. Estas últimas talvez sejam mais do tipo que se refere ao trabalho como presença em certo local das 9 às 5. A expressão "das 9 às 5", mais do que simples descrição da quantidade de horas que alguém trabalha, assumiu uma conotação cultural muito mais significativa. Trabalhar das 9 às 5 não se refere necessariamente à duração da jornada, mas simboliza que a pessoa tem um trabalho em tempo integral que segue o horário comercial convencional, de segunda a sexta.

Esse turno tradicional de oito horas foi criado em 1817, por Robert Owen, reformista social que se chocou com a longa e exaustiva labuta diária de 16 horas em que os trabalhadores se esfalfavam durante a Revolução Industrial. Empenhou-se, então, pela semana de trabalho de 40 horas, com base no argumento lógico, na época, de que o equilíbrio na vida é importante. E proclamou: "Oito horas de trabalho, oito horas de recreação e oito horas de descanso". Portanto, o dia de 24 horas deveria ser dividido de maneira uniforme entre trabalho, lazer e sono.

Não demorou muito para que as empresas adotassem a jornada de oito horas, depois de constatar o aumento na produtividade dos trabalhadores. A Ford, fabricante de automóveis, foi uma das primeiras a adotar a semana de 40 horas, enquanto os concorrentes continuavam céticos. No entanto, depois de ver o aumento na margem de lucro da Ford (de US$ 30 milhões para US$ 60 milhões em dois anos) a maioria das empresas seguiu o exemplo. Mas será que esse horário de trabalho de oito horas por dia, todos os dias, de segunda a sexta, é realmente o mais propício para criar um ambiente produtivo, ou haveria outras maneiras de trabalhar mais eficientes?

Os problemas de trabalhar oito horas por dia

As mudanças tecnológicas profundas das últimas décadas acarretaram transformações drásticas na natureza do trabalho em muito pouco tempo. A internet, os smartphones e os tablets possibilitaram o trabalho em qualquer lugar, a qualquer hora. Agora não mais restritos a seus cubículos ou salas, os trabalhadores dispõem de recursos para trabalhar a distância, o chamado trabalho remoto, ou teletrabalho. Essas inovações também permitem que quem trabalha num escritório leve o trabalho para casa ou para qualquer outro lugar.

Só no Reino Unido, é cada vez maior, em expansão acelerada, a quantidade de trabalhadores que acessa e-mails de trabalho em casa: 81% dos trabalhadores de escritório verificam seus e-mails fora do escritório e além do horário de trabalho, e um terço dos trabalhadores chega ao ponto de checar seus e-mails de trabalho antes de se levantarem da cama, todas as manhãs (GUIBOURG, 2015). Portanto, na verdade, a jornada das 9 às 5 realmente é uma ficção, na medida em que é difícil estimar quantas horas extras as pessoas trabalham por dia, fora do local de trabalho.

O tempo tornou-se uma maneira de medir a produtividade, considerando que talvez seja o meio mais fácil de fazer essa avaliação. Hoje, porém, numa economia cada vez mais criativa e móvel, é importante adotar outros critérios de mensuração. Jornada de oito horas não mais se correlaciona diretamente com produção de oito horas. O trabalhador pode muito bem ficar sentado no local de trabalho durante oito horas, mas realizar muito pouco, a todo instante distraindo-se com sucessivas interrupções – uma enquete entre 750 trabalhadores, em 2014, relatou que 31% desperdiçam 30 minutos por dia, enquanto 6% desperdiçam mais de duas horas por dia no trabalho (Conner, 2015). Os trabalhadores também são pessoas diferentes; nem todos são produtivos nos mesmos horários. Enquanto alguns são madrugadores e trabalham melhor de manhã; outros são notívagos e trabalham melhor à noite.

Será que o problema está na *duração* da jornada ou na *rigidez* da jornada? Em 2000, a França reduziu a semana de trabalho de 39 para 35 horas, tornando-a uma das mais curtas do mundo. Num esforço para aumentar as oportunidades de trabalho e melhorar o equilíbrio trabalho-vida, Estevão e Sá (2008) analisaram a eficácia dessa mudança, concluindo que a nova lei francesa não aumentou a oferta de trabalho, mas promoveu mudanças comportamentais que sugerem que muitos trabalhadores estavam menos satisfeitos com o novo horário de trabalho. Além disso, na França, muito poucos trabalhadores de escritório de fato trabalham só 35 horas por semana. Os autores sugerem que a lei seja alterada, para eliminar a restrição da semana de trabalho de 35 horas, permitindo que os trabalhadores e as empresas tenham liberdade para estabelecer a duração semanal do trabalho.

O futuro do trabalho

O trabalho flexível (também conhecido como *flexitime* ou horário flexível) chegou para ficar, ao menos no futuro previsível – consiste na diversidade dos padrões de trabalho, de modo que cada pessoa possa escolher as horas de início e fim da jornada e o local onde será executado o trabalho, se em casa, no escritório ou em outro lugar. Grandes são os benefícios dessa maneira de trabalhar (Origo; Pagani, 2008). Os ganhos de produtividade mensuráveis são reais: o Lloyds Banking Group relatou que "66% dos gestores de linha e colegas consideraram que a flexibilidade melhorou a eficiência e a produtividade". Maior flexibilidade também significa mais capacidade para atender às demandas dos clientes em regime 24/7, ou seja, em condições contínuas e ininterruptas. Em especial, os trabalhadores com mais flexibilidade são mais propensos a se engajar no trabalho, o que resulta em menos *turnover* para as empresas (FUTURE of WORK, 2012).

Os *Millennials* já começaram a descartar a ideia de um dia de trabalho típico de oito horas. A enquete da Millennial Branding relatou que 45% dos *Millennials* preferirão trabalho flexível a melhor remuneração (SCHAWBEL, 2013). À medida que se atribui mais importância ao trabalho flexível, também o trabalho autônomo, ou *freelance,* torna-se a nova maneira de trabalhar. A revista *Forbes* diz que cerca de 34% da população ativa dos Estados Unidos hoje é considerada *freelancer*, proporção que tende a atingir 40% por volta de 2020 (TAYLOR, 2013). A principal razão por trás dessa mudança na natureza do trabalho são, basicamente, os avanços tecnológicos mais recentes.

A geração 2020, que cresceu com essas tecnologias, começará a trabalhar sob essas mudanças e seus membros adotarão os novos padrões sem estranhamento. Hoje, esses indivíduos estão na universidade e em breve ingressarão na população ativa, mudando a maneira como trabalhamos e conhecemos o trabalho. São nativos digitais bem conectados, culturalmente liberais, extremamente móveis, que relutam em aceitar qualquer coisa em que se sintam menos à vontade e menos integrados. Em nada diferentes de outros grupos de pessoas...

Também não faltam indivíduos que levam o trabalho flexível para um nível mais avançado; são os chamados "nômades digitais". Pieter Levels (2015) prevê que, por volta de 2035, haverá um bilhão de nômades digitais no mundo. São pessoas que exploram ao máximo os avanços tecnológicos e trabalham a distância, onde preferirem, muito provavelmente dirigindo seus próprios negócios de uma ilha tropical no Caribe. Por exemplo, Hubud é um espaço de coworking em Bali, Indonésia, que se supõe seja o ambiente de trabalho do futuro. Seu *tagline,* ou mote, "coworking, convivência, coaprendizado e codoação", reuniu um grande grupo de indivíduos altamente independentes, que estão procurando mudar a maneira de trabalhar.

Conclusão

Embora o estilo de trabalho de um nômade digital talvez se situe num extremo da tendência, que se manifesta somente em certos setores de atividade, as organizações devem levantar os olhos de suas tradições no local de trabalho e adotar jornadas mais flexíveis para evitar o risco de não conseguir recrutar os melhores talentos (KELLIHER; ANDERSON, 2008). O primeiro passo é comparar a cultura organizacional com as demandas dos novos trabalhadores e verificar até que ponto são compatíveis.

Referências

CONNER, C. Wasting Time at Work: The Epidemic Continues. *Forbes*, 2015. Disponível em: <https://www.forbes.com/sites/cherylsnappconner/2015/07/31/wasting-time-at-work-the-epidemic-continues/#1d9424901d94>.

ESTEVÃO, M.; SÁ, F. The 35-hour Workweek in France: Straightjacket or Welfare Improvement? *Economic Policy*, v. 23, n. 55, p. 417–63, 2008.

THE Benefits of Flexible Working Arrangements: A Future of Work Report. 2012. Disponível em: <http://www.bc.edu/content/dam/files/centers/cwf/individuals/pdf/benefitsCEOFlex.pdf>. Acesso em: 19 jun. 2018.

GUIBOURG, C. E-mail Addicts? One in Three UK Office Workers Check Their Work E-mail In Bed. *City AM*, 2015. Disponível em: <http://www.cityam.com/223107/email-addicts-one-three-uk-office-workers-check-their-work-email-bed>.

KELLIHER, C.; ANDERSON, D. For Better or For Worse? An Analysis of How Flexible Working Practices Influence Employees' Perceptions of Job Quality. *The International Journal of Human Resource Management*, v. 19, n. 3, p. 419–31, 2008.

LEVELS, P. The Future of Digital Nomads: How Remote Work Will Transform the World in the Next 20 Years. 2015. Disponível em: <https://levels.io/future-of-digital-nomads>. Acesso em: 19 jun. 2018.

ORIGO, F.; PAGANI, L. Workplace Flexibility and Job Satisfaction: Some Evidence from Europe. *International Journal of Manpower*, v. 29, n. 6, p. 539–66, 2008.

SEMLER, R. How to Run a Company With (Almost) No Rules. *TED*, 2014. Disponível em: <https://www.ted.com/talks/ricardo_semler_how_to_run_a_company_with_almost_no_rules/transcript?language=en>.

SCHAWBEL, D. Millennial Branding and Beyond.com Survey Reveals the Rising Cost of Hiring Workers from the Millennial Generation. *Millennial Branding*, 2013. Disponível em: <http://millennialbranding.com/category/blog/page/4/>.

TAYLOR, K. Why Millennials Are Ending the 9 To 5. *Forbes*, 23 ago. 2013. Disponível em: <https://www.forbes.com/sites/katetaylor/2013/08/23/why-millennials-are-ending-the-9-to-5/#7db55841715d>.

MITO 2
TRABALHAR EM CASA REDUZ A PRODUTIVIDADE

Mais de um terço dos trabalhadores escolheria a oportunidade de trabalhar em casa no lugar de um aumento de salário.

Introdução

O trabalho está ficando cada vez mais flexível em relação a *onde*, *como* e *quando* é executado. A quantidade de pessoas que trabalham em casa e a frequência com que trabalham em casa são cada vez maiores (CHOKSHI, 2017). Algumas empresas até adotaram integralmente as práticas de trabalho flexível, em que os trabalhadores exercem controle total sobre a programação do trabalho e são avaliados com base somente na produtividade e nos resultados, independentemente das horas trabalhadas (MACRAE; FURNHAM, 2017).

No entanto, ainda persiste o mito duradouro de que os trabalhadores devem estar em locais de trabalho tradicionais em que predominem modelos padronizados de supervisão direta, para serem produtivos e eficazes. Muita gente entende que há muitas distrações em casa. Companheiros, colegas de quarto, crianças, hobbies e outros entretenimentos que cercam o trabalhador por todos os lados parecerem dificultar a concentração no trabalho. Realmente, algumas pessoas têm dificuldade em trabalhar em casa. Daí a dúvida se os trabalhadores de fato são capazes de trabalhar em casa e até que ponto a casa é um ambiente de trabalho mais ou menos propício em termos de produtividade e resultados.

Essas são questões importantes a serem elucidadas sobre o trabalho remoto, uma vez que trabalhar em casa, ou o *home office*, está ficando cada vez mais comum. As pessoas que realmente já trabalham a distância estão trabalhando fora do local de trabalho convencional com intensidade e frequência crescentes. O número de trabalhadores remotos, ou teletrabalhadores, que passam menos de 20% das horas de trabalho fora das dependências do empregador caiu de 34% em 2012, para 25% em 2016. Já o número de teletrabalhadores que passam mais de 80% fora das dependências do empregador aumentou de 24% para 31% no mesmo período (Chokshi, 2017).

Pesquisa do Instituto Gallup nos Estados Unidos mostra que a possibilidade de trabalhar em casa, com horário flexível, está ficando cada vez mais importante para os trabalhadores em busca de oportunidades de trabalho. Muitas pessoas querem exercer algum controle e dispor de certa flexibilidade quanto à programação do trabalho. Alguns pais querem mais liberdade para compatibilizar os seus horários com os dos filhos. Outros querem dispor das manhãs ou das tardes livres para tratar de assuntos pessoais. Cada vez mais pessoas preferem trabalhar nos horários que mais lhes convêm, em vez de se encaixar no padrão de 9 às 5 horas. A flexibilidade para trabalhar em casa está ficando tão importante para tanta gente que um estudo da Global Workplace Analytics revelou que mais de um terço dos trabalhadores escolheria a oportunidade de trabalhar em casa, no lugar de um aumento de salário.

O teletrabalho sem dúvida está ficando cada vez mais comum, e é uma tendência que provavelmente irá se intensificar nos próximos anos. Como fenômeno em evolução, é impossível prever seus efeitos, mas, decerto, há evidências a sugerir que o trabalho flexível e remoto pode aumentar a produtividade, reduzir os custos e melhorar as qualificações dos trabalhadores.

Evidências do aumento da produtividade

Um experimento sobre teletrabalho conduzido pela Universidade Stanford e pela Universidade de Beijing testaram a produtividade de trabalhadores de *call centers* que trabalharam a distância em comparação com a dos que trabalharam em ambientes de escritório convencionais

(BLOOM *et al*, 2015). Os trabalhadores foram designados, ao acaso, para trabalhar em casa ou no escritório, durante um período de nove meses. Os que trabalharam em casa apresentaram produtividade 13% superior à dos que trabalharam no escritório, ficaram doentes com menos frequência e atribuíram o desempenho superior ao ambiente de trabalho mais tranquilo.

Embora estudos como o de Bloom e colegas envolvendo trabalhadores de *call centers* sejam indicadores úteis de que trabalhar em casa pode melhorar a produtividade, é importante observar que nada garante a repetição desses resultados em todos os setores de atividade e em todos os tipos de trabalho. Não obstante outros exemplos, como os de MacRae e Furnham (2017), mostrem que esquemas de trabalho flexível possam melhorar o desempenho e a satisfação dos trabalhadores em atividades profissionais altamente qualificadas, trata-se ainda de regime de trabalho relativamente novo, não sendo possível, por enquanto, chegar a conclusões aplicáveis a todas as circunstâncias.

Os esquemas de trabalho flexível e de *home office*, porém, parecem ser boas decisões de negócios, em termos de produtividade do trabalho para os empregadores e de atratividade do trabalho para os trabalhadores que querem mais independência e flexibilidade. Os empregadores não devem interpretar essas observações como conselho para que deem aos trabalhadores, sem outras considerações, carta branca em todas as suas atividades. O mais recomendável para os empregadores é desenvolver condições de trabalho que envolvam critérios de avaliação objetivos, possibilitando a comparação do desempenho dentro e fora das dependências do empregador. O teletrabalho é uma experiência a ser tentada com cautela, para que seus efeitos sejam testados nas circunstâncias singulares de cada setor e empresa.

Um exemplo

Em *Motivation and Performance: A Guide to Motivating a Diverse Workforce*, MacRae e Furnham (2017) oferecem um estudo de caso detalhado de uma empresa que converteu o aumento da flexibilidade no local de trabalho em melhoria da produtividade e da lucratividade.

A Ryan é uma empresa de prestação de serviços tributários e contábeis relativamente nova, fundada em 1991. Ela cresceu em ritmo acelerado, aumentando a receita de US$ 156 mil, no primeiro ano, para US$ 400 milhões, agora. No entanto, à medida que a empresa se expandia em receita, lucro e quadro de pessoal, as condições de trabalho se deterioravam. O local de trabalho era descrito como "escravidão bem remunerada", onde os trabalhadores se matavam em longas jornadas, praticamente sem flexibilidade, férias e benefícios. O alto *turnover* de pessoal (cerca de 20%) era dispendioso e nitidamente associado à cultura de trabalho escravo.

Em 2008, decidiram mudar para um sistema flexível – com total flexibilidade para os trabalhadores e para as equipes. Em vez das longas jornadas rígidas impostas pela cultura do local de trabalho, a Ryan resolveu medir o desempenho com base na qualidade do trabalho, e não na quantidade de horas trabalhadas.

Complementando os métodos mais rigorosos e eficazes de mensuração do desempenho, os trabalhadores e as equipes tinham liberdade para definir os próprios critérios de avaliação do desempenho, além de como, quando e onde trabalhavam. Os trabalhadores podiam trabalhar em casa, em certos dias e horários, definir as próprias férias e outras ausências remuneradas (desde que fizessem o trabalho e cumprissem os objetivos) e escolher os horários de trabalho, a seu próprio critério. Em poucos anos, as novas normas reduziram drasticamente o *turnover* de pessoal, enquanto o quadro de pessoal continuava a aumentar. O engajamento e a produtividade dos trabalhadores melhoraram drasticamente. Para mais detalhes sobre esse exemplo, ver MacRae e Furnham (2017).

Redução de custos

Quando os trabalhadores trabalham em casa, as economias para as empresas logo tornam-se evidentes. A revista *Entrepreneur* relata que os trabalhadores que trabalham em casa apenas 50% das horas de trabalho reduzem os custos das empresas em pelo menos US$ 11.000 por ano. Os trabalhadores que não ficam no escritório consomem menos recursos da empresa, ocupam menos espaço físico e não incorrem em muitas outras despesas relacionadas com a presença física. Também eliminam os custos de transporte casa-trabalho-casa (Hendricks, 2014).

O engajamento e a satisfação dos trabalhadores também acarretam redução do *turnover* e dos custos associados ao estresse e a faltas por doença. Os trabalhadores que trabalham em casa tendem a ser mais saudáveis, a registrar menos faltas por doença, a relatar melhores hábitos alimentares e a alcançar equilíbrio trabalho-vida mais favorável.

Tudo isso converte-se em trabalhadores mais leais à empresa, menos propensos a procurar outras oportunidades de trabalho, e, em consequência, em economizar o dinheiro da empresa.

Perda do espírito de comunidade e do ambiente social

Será que trabalhar fora das dependências do empregador torna o trabalho mais solitário e mais isolado? Talvez até pareça que o bate-papo com os colegas, os almoços em grupo e os programas de fim de tarde se perderam para sempre quando todos optam por trabalhar em casa, em vez de compartilhar um local de trabalho comum. Grande parte da especulação sobre teletrabalho sugeria que o trabalho remoto levaria os trabalhadores a se sentirem isolados.

No entanto, também essa percepção está mudando. Em 2012, quando se perguntava aos trabalhadores sobre quando se sentiam mais engajados no trabalho, aqueles que passavam mais tempo no local de trabalho, nas dependências do empregador, relataram os mais altos níveis de engajamento. Por volta de 2016, a situação se inverteu, e os trabalhadores que passavam de três a quatro dias fora do local de trabalho reportaram os mais altos níveis de engajamento. Apesar de passar grande parte do tempo longe do local de trabalho, esses trabalhadores ainda relatavam que os colegas no ambiente físico do trabalho importavam-se com eles, apoiavam o desenvolvimento deles e conversavam com eles sobre seu progresso funcional. Os dias de isolamento social do teletrabalhador parecem estar desaparecendo com rapidez.

Descoberta surpreendente sobre o trabalho remoto foi a percepção de isolamento por parte dos remanescentes no local de trabalho, *não* dos que trabalhavam em outros lugares. Pesquisa de Kevin Rockmann e Michael Pratt (2015) constatou que os efeitos sociais negativos do teletrabalho eram sentidos com mais intensidade pelos que optavam por continuar presentes no local de trabalho. Dos trabalhadores remanescentes no local de trabalho, muitos insistiram em continuar no ambiente físico da empresa para preservar o senso de comunidade e as interações sociais com os colegas. Quando muitos deles aderiram ao trabalho flexível, os trabalhadores remanescentes sentiram-se fisicamente desconectados e socialmente isolados do grupo como um todo. Em vez de ser um ambiente energizante e inspirador, "o escritório se tornou um deserto inóspito", diz Rockmann.

A pesquisa desses autores, envolvendo empresas de tecnologia da Fortune 100, do Vale do Silício, descobriu que a decisão de trabalhar em casa logo se tornou contagiosa e muitos trabalhadores foram atraídos pela possibilidade de definir o próprio horário de trabalho e de trabalhar em qualquer lugar. Para esses trabalhadores altamente qualificados, capazes de executar grande parte do trabalho a distância, a atração era forte demais, às vezes até irresistível. As consequências, porém, foram inesperadas. O trabalho em equipe quase desapareceu, e o processo espontâneo de geração de ideias por meio de conversas rotineiras no escritório diminuiu, acabando por afetar negativamente os níveis de produtividade.

O panorama mais amplo

Os benefícios do trabalho remoto parecem ser grandes, não faltando evidências que apontam para o teletrabalho como maneira promissora de melhorar a produtividade e o desempenho dos trabalhadores, com a simultânea redução de custos

Trabalhar em casa, porém, não é para todos. Alguns trabalhadores são motivados pelas interações sociais, pelas conversas e pela comunidade circundante. Algumas pessoas trabalham muito melhor num ambiente de trabalho tradicional, onde são supervisionados por um gerente e onde estão sujeitos a menos distrações do que em casa.

Grande parte das atuais pesquisas sobre trabalho remoto tem seu foco em profissões relativamente de alta qualificação ou em tipos de trabalho que podem ser feitos por um só executor. Não podemos presumir que os ganhos de produtividade relativos ao trabalho remoto que já foram constatados em algumas atividades também se manifestarão em outras atividades. E muitos tipos de trabalho precisam de presença física. De cabeleireiros a mecânicos de automóveis, alguns trabalhos simplesmente não podem ser executados fora de um ambiente adequado, dotado de recursos específicos e em conjunto com outros trabalhadores.

Também é importante considerar as consequências potenciais imprevisíveis da dispersão do trabalho para localidades remotas. Até que ponto se fragmentarão as empresas e as equipes se todos os trabalhadores deixarem o ambiente de trabalho integrador e não mais compartilharem um espaço físico comum? Há alguns indícios de que os efeitos poderão ser graves, mas a resposta honesta é que ainda não conhecemos os impactos duradouros do trabalho remoto, sobretudo se e quando ele se tornar o modo de trabalho predominante. Os benefícios parecem muito promissores, mas o avanço deve ser gradual e cuidadoso. Talvez haja consequências inimagináveis.

Conclusão

Trabalhar em casa pode não ser para todos. É decerto um mito afirmar que trabalhar em casa reduz a produtividade. As evidências demonstram com clareza que os teletrabalhadores são mais satisfeitos, mais produtivos e até mais saudáveis do que seus colegas solitários no local de trabalho, que remanesceram no espaço físico tradicional.

Muito ainda é preciso aprender, porém, sobre os efeitos do teletrabalho. Nem todos são capazes de se automotivar e de trabalhar com independência em casa. Esses indivíduos talvez precisem de mais supervisão e de encorajamento pelos gestores remotos, ou talvez apenas sejam mais produtivos no ambiente de trabalho tradicional. Por enquanto, o escritório convencional ainda não deve ser completamente eliminado – mas ele pode ser reimaginando e redesenhado para ser mais eficaz hoje e no futuro.

Referências

BLOOM, N. *et al*. Does Working from Home Work? Evidence from a Chinese Experiment. *The Quarterly Journal of Economics*, v. 130, n. 1, p. 165–218, 2015.

CHOKSHI, N. Out of the Office: More People Are Working Remotely, Survey Finds. *New York Times*, 15 fev. 2017. Disponível em: <https://www.nytimes.com/2017/02/15/us/remote-workers-work-from-home.html>.

GLOBAL Workplace Analytics (nd) Advantages of Agile Working Strategies for Companies. Disponível em: <http://globalworkplaceanalytics.com/resources/costs-benefits>.

HENDRICKS, D. 5 Ways Telecommuting Saves Employers Money. *Entrepreneur*, 14 jul. 2014. Disponível em: <https://www.entrepreneur.com/article/235285>.

MacRAE, I.; FURNHAM, A. *Motivation and Performance*: A Guide to Motivating a Diverse Workforce. Londres: Kogan Page, 2017.

ROCKMANN, K. W.; PRATT, M. G. Contagious Offsite Work and the Lonely Office: The Unintended Consequences of Distributed Work. *Academy of Management Discoveries*, v. 1, n. 2, p. 150–64, 2015.

MITO 3
AS MÍDIAS SOCIAIS NUNCA DEVEM SER USADAS NO TRABALHO

Apesar do potencial das mídias sociais de melhorar a produtividade no ambiente de trabalho, 72% das empresas que usam mídias sociais não as aproveitam em todo o seu potencial.

Introdução

Hoje em dia, todo mundo, desde crianças até vovozinhas, pertence a algum tipo de mídia social. Mídia social é o termo que designa aplicativos de internet usados em computadores, tablets e smartphones para ajudar as pessoas a interagir umas com as outras e a compartilhar ideias, informações e opiniões. Considerando o vasto conjunto de sites e aplicativos de mídia social, como Twitter, Facebook e YouTube, para mencionar uns poucos, é fácil concluir que eles só podem ser fontes de distração, sobretudo no trabalho. No entanto, ao contrário da crença popular, novas pesquisas acadêmicas revelam que "os trabalhadores que são estimulados a usar mídias sociais no trabalho se incluem entre os mais produtivos" (Warner, 2013).

Vivemos numa economia social em que o conhecimento é moeda (Meister, 2013). Milhões de pessoas organizam grande parte da vida on-line e se comunicam usando mídias sociais.

Portanto, sendo o trabalho componente tão importante da vida, nada mais natural que ele também se infiltre em nossas interações on-line. E quanto mais rapidamente promovermos essas interações, mais rapidamente absorveremos novas informações sobre questões relacionadas com o trabalho, o que por certo exercerá forte impacto sobre nossa produtividade no trabalho.

A empresa de pesquisas Future Workplace (MEISTER, 2013) conduziu uma pesquisa entre mais de mil trabalhadores abrangendo ampla variedade de empresas, cujos resultados mostram que 60% dos *Millennials* e quase 80% dos Geração 2020 acham que, por volta do ano 2020, a capacidade de manejo das mídias sociais será requisito para todos os trabalhadores. Portanto, as novas características demográficas da população ativa impõem que as organizações acompanhem as transformações da natureza do trabalho e as utilizem em proveito próprio.

Os benefícios do acesso às mídias sociais

Parece contraintuitivo, mas, quando os trabalhadores têm desenvoltura nas redes sociais e as frequentam com moderação, seus níveis de produtividade sobem, pelo menos de acordo com alguns especialistas acadêmicos. Subramaniam e colegas (2013), da escola de negócios Warwick, estudaram o uso de mídias sociais pelos trabalhadores, como Skype, Facebook e software de comunicação interna, numa grande empresa de telecomunicações, MaxCom, em seus escritórios na Finlândia, Reino Unido e Alemanha, e descobriram que a conectividade digital crescente nessas organizações levava as pessoas a se sentirem mais empoderadas. Esse empoderamento resultava da maior flexibilidade em onde e quando trabalhar decorrente do acesso às mídias sociais.

No mundo moderno, principalmente depois da revolução digital, o trabalho não mais se limita ao padrão de 9 às 5. Nesse contexto, o maior controle sobre o tempo através das mídias sociais, como demonstram as pesquisas, tem contribuído para a execução das tarefas com mais eficácia e eficiência. Evidentemente, é preciso que haja normas específicas, internas e externas, sobre onde, como, quando e por que as mídias sociais podem e devem ser usadas no ambiente de trabalho. Enfatize-se, porém, que as mídias sociais e as ferramentas de comunicação digital devem ser usadas para fins relacionados com o trabalho, não com objetivos pessoais e dispersivos.

Apesar do potencial das mídias sociais de melhorar a produtividade no local de trabalho, 72% das empresas que usam mídias sociais não exploram todo o seu potencial (McKinsey Global Institute, 2012). Disso não se deve concluir que todas as mídias sociais são iguais, nem que todas as plataformas de mídias sociais se destinem aos mesmos propósitos. Acessar a conta pessoal no Facebook para postar fotos de gatinhos, de um lado, e recorrer a uma mídia social interna ou externa para trocar informações sobre o trabalho com colegas e clientes, de outro, são usos muito diferentes. Daí a importância de se manter bem informado sobre as diferentes plataformas de mídias sociais e sobre seus possíveis benefícios no trabalho. Plataformas de mídias sociais voltadas para dentro da empresa podem ser mais úteis para comunicações internas. Como interfaces com o público, as empresas talvez prefiram plataformas de mídias sociais abertas, como Facebook, Twitter e LinkedIn, para o compartilhamento de informações de marketing e para comunicações com o mercado.

Certos setores de atividade podem aumentar a produtividade em algo entre 20% e 25% se explorarem todo o potencial das mídias sociais. De acordo com a McKinsey, as empresas que têm *interaction workers* (trabalhadores do conhecimento altamente qualificados) são as que mais podem se beneficiar. Usar as mídias sociais como fonte de informação acessível pode reduzir em até 35% o tempo gasto pelos trabalhadores na busca de informações, liberando-o para usos mais produtivos. Pense no que pode ser feito com esse tempo adicional!

Até o acesso às mídias sociais para tratar de assuntos pessoais pode aumentar a produtividade nas circunstâncias certas. O Pew Research Center (Olmstead; Lampe; Ellison, 2016) relatou que 54% dos trabalhadores pesquisados afirmaram que o uso das redes sociais nos intervalos para repouso os ajudava a se recarregar para o trabalho. O acesso às redes sociais nessas folgas representa para os trabalhadores uma forma de escapismo da labuta e exerce subsequente impacto positivo sobre a concentração no trabalho, desde que, evidentemente, essas pausas para acesso às mídias sociais não se repitam a cada cinco minutos.

Outra descoberta importante do estudo de Subramaniam foi que quanto mais frequentes forem as interações on-line dos trabalhadores uns com os outros, mais conhecimentos se acumulavam, mantendo-os atualizados com as novas informações e avanços em suas áreas de atuação. A Fonality, empresa de comunicações, já havia relatado que os trabalhadores desperdiçavam em média 67 minutos por dia tentando encontrar informações relevantes por meios ineficazes. No entanto, os trabalhadores com ligações sociais, em empresas como a MaxCom, conseguem superar essa deficiência e coletar informações com rapidez em fontes on-line.

O acesso às mídias sociais fornece novas oportunidades para a obtenção de informações (Salz, 2006). Estudos de pesquisas descobriram que os trabalhadores usam com frequência software social, como os de blogging, e ferramentas de *social bookmarking* para compartilhar *bookmarks*, como favoritos, no trabalho colaborativo em ambientes empresariais (Millen; Feinberg; Kerr, 2006). Portanto, as mídias sociais não se prestam apenas para se conectar e interagir com os outros, mas também são fontes de novos conhecimentos a serem adquiridos.

A felicidade e o bem-estar também são fatores importantes a considerar quando as empresas adotam políticas de mídias sociais. O acesso a mídias sociais pode ajudar na construção de um ambiente de trabalho divertido para os trabalhadores. Em troca, os trabalhadores felizes irão se dispor a trabalhar com mais afinco e a se dedicar mais à empresa.

Quando as mídias sociais funcionam melhor

As empresas que bloqueiam o acesso às mídias sociais geralmente o fazem para evitar perdas de produtividade, para se proteger contra vírus e para manter a privacidade. Por outro lado, essas questões remanescem quando se permite o acesso às mídias sociais sem restrições – as pesquisas mostram que os sistemas internos de mídias sociais tendem a ser a alternativa mais eficaz em ambientes empresariais. Millen, Geyer e Muller (2008) desenvolveram um software interno de *networking* (redes sociais), denominado "Beehive" (Colmeia) para a empresa global IBM. Cada indivíduo recebe um perfil e pode se tornar amigo dos colegas, como em outros sites de redes sociais. Uma análise do uso dessa plataforma de rede social revelou seu impacto positivo para o moral dos trabalhadores. Os trabalhadores que, de início, se inscreveram para interagir com os melhores amigos no local de trabalho acabaram se afastando desse intuito inicial e, em vez disso, passaram a se relacionar com outras pessoas, expandindo suas redes sociais. Alguns trabalhadores acreditavam que o site poderia ajudá-los a progredir na carreira, ao se autopromoverem e ao se conectarem com outras pessoas em posições estratégicas.

Conclusão

Numa pesquisa de 2016 do Pew Research Center, 77% dos mais de 2.000 trabalhadores americanos pesquisados responderam que, apesar das normas dos empregadores contra o uso de mídias sociais, eles ainda as usavam (OLMSTEAD; LAMPE; ELLISON, 2016). E, considerando que a próxima geração provavelmente usará as plataformas de mídias sociais como principal meio de comunicação, é importante para as organizações adotar integralmente as mídias sociais e explorar seus benefícios potenciais, como maior produtividade e mais oportunidades de ampliação do networking. As empresas mais relutantes podem extrair grandes benefícios dos softwares sociais internos, que minimizam os riscos do acesso dos trabalhadores às mídias sociais durante o horário de trabalho.

Referências

THE Social Economy: Unlocking Value and Productivity Through Social Technologies. *McKinsey Global Institute*, 2012. Disponível em: <http://www.mckinsey.com/industries/high-tech/our-insights/the-social-economy>.

MEISTER, J. The Boomer-Millennial Workplace Clash: Is It Real? *Forbes*, 2013. Disponível em: <https://www.forbes.com/sites/jeannemeister/2013/06/04/the-boomer-millennial-workplace-clash-is-it-real/#e-6475b323ca0>.

MILLEN, D. R.; FEINBERG, J.; KERR, B. Social Bookmarking in the Enterprise. *Social Computing*, v. 3, n. 9, 2006.

MILLEN, D. R.; GEYER, W.; MULLER, M. Motivations for Social Networking at Work. *IBM Research*, 2008. Disponível em:
< https://dl.acm.org/citation.cfm?id=1460674>. Acesso em: 19 jun. 2018.

OLMSTEAD, K.; LAMPE, C.; ELLISON, N. B. Social Media and the Workplace. *Pew Research Centre*, 2016. Disponível em: <http://www.pewinternet.org/2016/06/22/social-media-and-the-workplace>.

SALZ, P. A. Social Networking Tools on the Road to Enlightenment. *EContent*, 2006. Disponível em: <http://www.econtentmag.com/Articles/

Editorial/Feature/Social-Networking-Tools-on-the-Road-to-Enlightenment-18109.htm>.

SUBRAMANIAM, N.; NANDHAKUMAR, J.; BAPTISTA, J. Exploring Social Network Interactions in Enterprise Systems: The Role of Virtual Co-Presence. *Information Systems Journal*, v. 23, p. 475–90, 2013.

WARNER, B. When Social Media at Work Don't Create Productivity-Killing Distractions. *Bloomberg*, 2013. Disponível em: <https://www.bloomberg.com/news/articles/2013-04-01/when-social-media-at-work-dont-create-productivitykilling-distractions>.

MITO 4
OUVIR MÚSICA DURANTE O TRABALHO É DISTRAÇÃO

Tratar os trabalhadores como adultos responsáveis geralmente significa dar-lhes liberdade para tomar suas próprias decisões sobre como farão o trabalho. Se preferirem ouvir música enquanto trabalham, porque a música os enleva ou torna o trabalho mais agradável, eles por certo devem ter permissão para fazer essa escolha.

Introdução

Os psicólogos descobriram todos os tipos de benefícios decorrentes de ouvir música. Em festas ou em reuniões sociais, por exemplo, a música pode deixar as pessoas bem-humoradas, torná-las mais sociáveis, animar as conversas e criar experiências mais agradáveis (Furnham; Bradley, 1997; Cassidy; MacDonald, 2007).

Muitas pessoas gostam de ouvir música para passar o tempo, como experiência prazerosa e para abafar outros sons. Os telefones móveis e os tocadores portáteis facilitaram para quase todo mundo ouvir música a qualquer hora, em qualquer lugar. Nessas condições, será que as empresas devem instalar sistemas de música ambiente para os trabalhadores? Será que os trabalhadores devem ser capazes de abafar os ruídos e as distrações do local de trabalho ouvindo a própria música por meio de fones de ouvido? Será que a música, nessas condições, aumenta a produtividade ou dispersa a atenção? Ou não produz nenhum efeito? Na perspectiva da gestão e da produtividade, a questão é se a música é benéfica ou maléfica no local de trabalho. Há quem acredite que quem usa fones de ouvido no trabalho não presta atenção na tarefa em execução.

As pesquisas sobre o tema fornecem uma resposta, em geral, indefinida: depende. As preferências e os gostos musicais variam muito, e exercem diferentes efeitos emocionais sobre diferentes pessoas. A música pode induzir ampla variedade de emoções diferentes, como felicidade, deleite, entretenimento, desgosto, aborrecimento ou tristeza. Por isso é que a maioria dos ambientes de trabalho ou de empresas que oferecem música ambiente tende a transmitir músicas populares comuns e inofensivas.

Há algumas evidências de que os trabalhadores gostam de ouvir música no trabalho. Setenta e três por cento dos trabalhadores de depósitos dizem que são mais produtivos quando ouvem música, e, numa pesquisa, 65% das empresas afirmaram que a música tornava seus trabalhadores mais produtivos (BARFORD, 2013). A música, porém, pode afetar as pessoas de maneiras muito diversas, dependendo do tipo de música e da pessoa.

Ruído de fundo

A música genérica, monocórdia, arrítmica e anódina é provavelmente a escolha mais segura para os empregadores que instalam música ambiente, ou para empresas que tocam música para os clientes. Isso evita todas as preocupações potenciais em relação a agredir os trabalhadores ou os clientes, endossando opiniões políticas ou outras ideologias.

A não ser que haja uma boa razão para tocar música como ruído de fundo genérico, não adianta fazê-lo, pois ela não aumentará a produtividade. As pesquisas sobre ruído de fundo genérico são claras: prejudica a produtividade. O ruído de fundo indistinto, em geral, é uma distração no trabalho, e quanto mais desafiador ou difícil intelectualmente for o trabalho, mais dispersivo será o ruído de fundo (PERHAM; VIZARD, 2010; CASSIDY; MACDONALD, 2007). As tarefas simples, mundanas ou rotineiras, como encher prateleiras ou varrer chão não são muito afetadas. Mas o trabalho que envolve tarefas como ler textos complexos, escrever relatórios, ou resolver problemas matemáticos pode ser influenciado muito negativamente pelo ruído de fundo.

Quando a música é basicamente ruído de fundo insípido, ela não interferirá muito nas tarefas simples e rotineiras. Entretanto, no caso de tarefas mais complexas e demandantes, a música de fundo pode reduzir a produtividade.

Tipos de música

A questão mais complexa é a dos tipos de música e das preferências pessoais. Principalmente em ambiente de escritório, com quadro de pessoal diversificado, é provável que os gostos musicais sejam muito diferentes. Hinos ou músicas religiosas podem ser impróprios nos locais de trabalho, em geral, mas muito adequados numa catedral. Já o estilo *death metal* até poderia ser apropriado numa loja de roupas de nicho, mas seria menos adequado numa catedral.

A música pode ser motivo de distração quando provoca emoções negativas. As canções consideradas muito exasperantes, entristecedoras, ou simplesmente de má qualidade são fontes de distração no trabalho, reduzindo a produtividade e, provavelmente, deixando as pessoas de mau humor.

Um artigo de psicologia popular, publicado no *Telegraph* (Davidson, 2016), sugere que a música melhora a produtividade quando é compatível com a tarefa. O artigo sugere, por exemplo:

- Música clássica para trabalho que envolve tarefas numéricas minuciosas ou complexas.
- Música popular para entrada de dados ou para o cumprimento de prazos apertados.
- Música ambiente para a solução de equações.
- Música de dança para a solução de problemas e para revisão de textos.

A pesquisa é um pouco questionável, e inclui somente 26 participantes, de modo que os resultados devem ser interpretados com certo cuidado. Há, porém, um fundo de verdade nas conclusões, porque o fato de a música ser orquestrada ou cantada pode exercer impacto significativo sobre a produtividade, quando o trabalho envolve redação, porquanto a área do cérebro que lida com a linguagem pode ser sobrecarregada pela letra da música, se o ouvinte tentar ao mesmo tempo redigir um texto totalmente diferente (COVARRUBIAS, [S.d.]; PERHAM; VIZARD, 2010).

Escolha pessoal

Como qualquer norma referente ao local de trabalho, se mal concebida, é provável que seus efeitos sejam mais negativos do que positivos. Não obstante as evidências de que a música pode melhorar o humor e a produtividade dos trabalhadores, bandas de rock estrepitosas, como Coldplay ou Nickelback, durante muito tempo, podem gerar efeitos contraproducentes.

Nada há de surpreendente, porém, na constatação de que a música pode melhorar o humor e a produtividade dos trabalhadores quando as escolhas são compatíveis com suas preferências e gostos. Se os trabalhadores forem capazes de ouvir música sem perturbar os colegas e selecionarem aquelas de que realmente gostam, é muito provável que os efeitos sejam benéficos. De qualquer maneira, também é importante compatibilizar a música com as tarefas, por exemplo, escolher músicas animadas e ritmadas ao executar tarefas monótonas e repetitivas, e preferir músicas instrumentais melodiosas se o trabalho for mais complexo e exigir mais concentração.

Outra questão a levar em conta quando se permite aos trabalhadores ouvir música no trabalho é o nível de autonomia que lhes é concedido. Os trabalhadores que executam tarefas altamente complexas e qualificadas sem dúvida devem ter a opção e a autonomia para ouvir sua própria música, desde que não atrapalhem os colegas, nem envolvam questões de segurança.

Considerando o panorama mais amplo, tratar os trabalhadores como adultos responsáveis implica dar-lhes liberdade para tomar suas próprias decisões sobre como executar o trabalho. Se preferirem ouvir música enquanto trabalham, se a música os anima e torna o trabalho mais agradável, sem dúvida eles devem ter essa opção.

Fones de ouvido e distância social

Outro aspecto a ser levado em conta são os efeitos sociais de alguns ou muitos trabalhadores usar fones de ouvido no trabalho, durante todo o dia. Alguns dos benefícios de um espaço de coworking são as oportunidades de conversas, de inovações e de comunicação aberta entre os colegas.

Se o local de trabalho transforma-se num ambiente em que todos usam a música para se isolar nas próprias bolhas, a consequência pode ser o desgaste dos vínculos sociais entre os trabalhadores. Se as pessoas optam por ouvir música como filtros das influências do contexto, é provável que daí resulte distanciamento social, mesmo que todas estejam fisicamente próximas umas das outras. A música pode ser útil para focar a atenção e abafar as distrações durante a execução de uma tarefa mais difícil; se, porém, todos os trabalhadores ouvirem a própria música, a consequência será a redução da interação e da coesão da equipe.

Alcançar o equilíbrio é importante. Se os trabalhadores forem inteligentes, motivados e independentes, eles serão capazes de desfrutar de alguma autonomia em suas condições de trabalho. Eles devem ser estimulados a trabalhar com privacidade e independência quando a eficiência for a mais alta prioridade. A música, contudo, não deve ser usada como filtro quando a coesão e a interação se destacam como prioridades.

Conclusão

Música é escolha altamente pessoal. Ela, decerto, pode ser fator de dispersão, sobretudo na execução de tarefa complexa e envolvente. Mas também pode erguer o ânimo, peneirar distrações e melhorar o ambiente de trabalho. Em última instância, trata-se de arbítrio pessoal garantir que a música ou a sua falta seja compatível com o ambiente de trabalho e assegurar que as pessoas tenham condições de ouvir a própria música, quando cabível.

Se, porém, você estiver inseguro quanto ao tipo de música tocar, a escolha mais sensata, de longe, é *4'33"*, de John Cage. A versão para piano é especialmente boa.

Referências

BARFORD, V. Does Music in the Workplace Help or Hinder? *BBC Magazine Monitor*, 2013. Disponível em: <http://www.bbc.com/news/blogs-magazine-monitor-24017145>.

CASSIDY, G.; MACDONALD, R. A. R. The Effect of Background Music and Background Noise on the Task Performance of Introverts and Extraverts. *Psychology of Music*, v. 35, n. 3, p. 517–37, 2007.

COVARRUBIAS, G. To Listen or Not To Listen: Music vs Productivity. *HireDePaul*, [s.d.]. Disponível em: <https://hiredepaul.org/2017/01/11/to-listen-or-not-to-listen-musicvs-productivity/>.

DAVIDSON, L. This Is the Kind of Music You Should Listen to at Work, *Telegraph*, 2 jun. 2016. Disponível em: <http://www.telegraph.co.uk/business/2016/06/02/this-is-the-kind-of music-you-should-listen-to-at-work/>.

FURNHAM, A.; BRADLEY, A. Music While You Work: The Differential Distraction of Background Music on the Cognitive Test Performance of Introverts and Extraverts. *Applied Cognitive Psychology*, v. 11, p. 445–55, 1997.

PERHAM, N.; VIZARD, J. Can Preference for Background Music Mediate the Irrelevant Sound Effect? *Applied Cognitive Psychology*, v. 25, n. 4, p. 625–31, 2010.

MITO 5
SAÚDE E SEGURANÇA DO TRABALHO É O INIMIGO

Saúde e Segurança do Trabalho não é só mais uma forma de ser politicamente correto, é uma maneira de garantir que a empresa seja resiliente, preparada e dirigida com eficácia.

Introdução

Será que a Saúde e Segurança do Trabalho "enlouqueceu"? Será que esse conceito é algum tipo de tentativa de o hipertrofiado "estado babá" controlar e sufocar todas as atividades empresariais, de diminuir a produtividade e de cercear os empregadores num emaranhado de burocracia e regulação? Ou será que ainda tem algum resquício de utilidade no local de trabalho contemporâneo?

As políticas demasiado rigorosas e insensatas que se acumulam sob o nome de Saúde e Segurança do Trabalho são a forragem favorita dos tabloides. Eis uma manchete do *The Sun*: "Capacho de porta de casal foi apreendido depois que a fiscalização o considerou arriscado para a saúde e segurança, e o agente lhes cobrou £ 40 como taxa de remoção" (PATTINSON, 2016). Ou "Elfos e fiscais se desentendem quando agentes da Irlanda do Norte proíbem Papai Noel de atirar doces para as crianças" (BLACK, 2016).

Com efeito, muitas das normas mais insensatas e abusivas impostas em nome da "saúde e segurança" não têm nada a ver com as regras básicas de saúde e segurança, nem com o objetivo central de tornar os locais de trabalho e os ambientes das empresas mais seguros e salubres. Judith Hackitt, presidente da Health and Safety Executive, diz: "Nunca deixamos de nos surpreender com os casos que estudamos. Por que será que as pessoas acham que podem proibir canecas de chope, bolhas em festas de aniversário ou sanduíches que não estejam bem passados, alegando que representam riscos para a saúde e segurança?" (MARTIN, 2013).

Essas proibições talvez tenham a ver com histórias do tipo "As tradicionais canecas de chope estão com os dias contados depois que o governo as declara perigosas demais" (BATES, 2009), ou "Chefs mandam que os bolinhos de carne sejam sempre 'bem passados' durante as campanhas sanitárias" (MACLAUGHLIN, 2016).

Boa resposta a algumas das manchetes pouco construtivas dos tabloides sobre saúde e segurança foi a de Kevin Myers (2009), publicada no *Daily Mirror*: "Ficamos muito frustrados quando as organizações usam o rótulo de 'saúde e segurança' como desculpa para não fazer nada, impor proibições e estragar a diversão das pessoas". E prossegue, reconhecendo que a mídia pode desempenhar papel construtivo ao destacar as normas mais insensatas e mais relevantes sobre saúde e segurança. Promover debates públicos sobre o tema é uma boa maneira de garantir que a saúde e segurança atenda aos interesses das empresas e dos trabalhadores.

A perspectiva histórica sobre saúde e segurança

A saúde e segurança tem sido abordada de várias maneiras nos locais de trabalho e na mídia há muito tempo. Vale a pena considerar o papel e o valor histórico da saúde e segurança no local de trabalho para melhor compreender o seu real valor.

O verdadeiro objetivo da saúde e segurança é muito claro e simples: prevenir acidentes e doenças de trabalho e evitar práticas nocivas à saúde no local de trabalho. Não faltam argumentos éticos e lógicos contra matar ou incapacitar trabalhadores e clientes e contra lhes infligir doenças associadas ao local de trabalho e aos produtos e serviços. Mas o caso de negócios, em termos de lucros e perdas, em favor da saúde e segurança é definitivo: os acidentes e as doenças ocupacionais são onerosos.

Só no Reino Unido, perdem-se 30 milhões de dias de trabalho por ano decorrentes de acidentes e doenças de trabalho (HSE, 2016), que custam para a economia do país cerca de £ 14 bilhões por ano. Na economia americana esses custos chegam a US$ 250 bilhões. Essas cifras correspondem a cerca de oito vezes os custos do câncer e a mais de três vezes os custos do diabetes (OSH, 2012). No mundo desenvolvido, as estimativas geralmente chegam a valores correspondentes a de 1% a 3% do PIB nacional, conforme o país (EUROPEAN AGENCY FOR SAFETY AND HEALTH AT WORK, 2013). São custos substanciais.

Adotando uma perspectiva histórica, a saúde e segurança faz enorme diferença para os trabalhadores. Muito se progrediu desde as condições de trabalho brutais das oficinas vitorianas e das atividades industriais e extrativas perigosas do século XIX e do começo do século XX. Pesquisas referentes aos Estados Unidos (NSC, 1998) mostram que os acidentes de trabalho caíram cerca de 90% entre o início e o fim do século XX. Cem anos atrás, a probabilidade de morrer por acidente de trabalho era dez vezes superior à de hoje.

Evidentemente, essa redução foi influenciada pelas mudanças nos tipos de trabalho e nos setores de atividade com maior quantidade de trabalhadores. No entanto, mesmo nos trabalhos e setores mais arriscados, a diminuição dos acidentes e doenças em termos absolutos e proporcionais foi substancial. As normas de saúde de segurança muito contribuíram para atenuar os riscos de acidentes e doenças associadas ao local de trabalho e ao tipo de trabalho.

Situação semelhante repete-se no Reino Unido, com a mesma tendência positiva prosseguindo nos anos recentes. As mortes no local de trabalho reduziram-se à metade, de 1995/96 a 2014/15 (HSE, 2015a). A taxa de acidentes fatais caiu para um sexto do que era em 1974, quando se promulgou o Health and Safety at Work Act (HSE, 2015b).

As normas de saúde e segurança não devem ser ignoradas. Pesquisas realizadas nos Estados Unidos mostram que os custos relacionados com acidentes e lesões no local de trabalho, ajustados pela inflação, aumentaram em cerca de US$ 33 bilhões por ano (OSH, 2012). No mesmo teor, as taxas de estresse e condições correlatas quase dobraram desde os anos 1970 no Reino Unido (HSE, 2015b). Embora as fatalidades estejam diminuindo em alguns países, como o Reino Unido, não se deve dar como certo que, com o passar do tempo, os locais de trabalho naturalmente tornam-se mais seguros e mais salubres. Complicações de saúde psicológicas e fisiológicas podem causar problemas para os trabalhadores e empregadores. Não se deve presumir que a saúde e segurança é irrelevante e descartável, só porque algumas manchetes sensacionalistas e algumas disposições normativas a faça parecer desnecessária e até ridícula. É preciso adotar uma abordagem abrangente e ponderada para compreender o que é razoável e o que é absurdo.

O caso de negócios

A Royal Society for the Prevention of Accidents apresenta um excelente caso de negócios em apoio à saúde e segurança no local de trabalho (ROSPA, 2013).

Manter os locais de trabalho seguros e salubres envolve características diferentes em setores de atividade diferentes. Na construção civil, os trabalhadores devem usar equipamentos de proteção individual e ser cuidadosos ao assumir riscos desnecessários ou ao acelerar o trabalho em detrimento da segurança. Nos restaurantes, é importante não servir aos clientes carne crua, saladas mal lavadas ou ostras na época errada do ano. É preciso ter a certeza de que as pessoas estão bem treinadas para não se expor a si próprias e aos outros a riscos desnecessários.

Acidentes graves envolvendo incêndios, ferimentos e mortes podem ser o fim de um negócio, pequeno ou grande. Quanto mais grave for o acidente, mais difícil será a recuperação para a empresa e para os trabalhadores. As lesões desmotivam e desanimam os circunstantes – os locais de trabalho inseguros são ambientes indesejáveis para a maioria dos trabalhadores.

Os sistemas e processos que garantem a segurança do local de trabalho são importantes, mas não se esqueça do foco na saúde e segurança. Em especial no caso de pequenas empresas, que talvez não tenham os recursos necessários, lembre-se que a saúde e segurança não consiste apenas em marcar opções num formulário ou discursar sobre as normas sem promover mudanças reais. Saúde e segurança envolve dois componentes de bom senso:

1. Saúde e segurança consiste basicamente em garantir o bem-estar do quadro de pessoal e a resiliência e continuidade do negócio.
2. Saúde e segurança é uma área que exige *expertise*. Locais de trabalho mais complexos demandam conhecimento e experiência para torná-los tão seguros e salubres quanto possível.

Saúde e segurança não é só mais uma forma de ser politicamente correto; é uma maneira de garantir que a empresa seja resiliente, preparada e dirigida com eficácia. As boas práticas de saúde e segurança devem ser parte de todos os locais de trabalho.

Conclusão

Ignore os comentários jocosos sobre estourar bolhas, atirar doces para as crianças ou proibir canecas de chope com asas. Em geral, essas histórias são criadas por indivíduos e organizações sérias, mas não têm nada a ver com saúde e segurança. Não se deixe levar pelas manchetes dos tabloides, e lembre-se que os locais de trabalho devem ser tão seguros e salubres quanto possível – não queremos que eles se pareçam com as oficinas vitorianas.

Referências

BATES, C. Time Is Called on Traditional Pint Glasses after Government Brands Them Too Dangerous. *Daily Mail*, 24 ago. 2009. Disponível em: <http://www.dailymail.co.uk/sciencetech/article-1208668/Time-called-traditional-pint-glass- Home-Office-demand-safer-design-reduce-assaults.html>.

BLACK, R. Elf and Safety Gone Mad as Northern Ireland Councils Ban Santa from Throwing Sweets to Children. *Belfast Daily Telegraph*, 9 dez. 2016. <Disponível em: http://www.belfasttelegraph.co.uk/news/northern-ireland/elf-and-safety-gone-mad-as-northern-ireland-councils-ban-santa-from-throwingsweets-to-children-35279780.html>.

EUROPEAN Agency for Safety and Health at Work. *Estimating the Costs of Accidents and Ill Health at Work:* Executive Summary. Luxemburgo: Publications Office for the European Union, 2013.

HEALTH AND SAFETY EXECUTIVE – HSE. *Statistics on Fatal Injuries in the Workplace in Great Britain 2015:* Full-Year Details and Technical Notes. 2015a.

HEALTH AND SAFETY EXECUTIVE – HSE. *Historical Picture:* Trends in Work-Related Injuries and Ill Health in Great Britain Since the Introduction of the Health and Safety at Work Act 1974. 2015b.

HEALTH AND SAFETY EXECUTIVE – HSE. *Health and Safety Statistics:* Key figures for Great Britain (2015/16). 2016.

MARTIN, D. Toothpicks Removed from the Table, Beer Glasses with Handles Scrapped and Bubbles Banned from Child's Party: Nonsense Health and Safety Edicts That Don't Actually Exist. *Daily Mail*, 2 abr. 2013. Disponível em: <http://www.dailymail.co.uk/news/article- 2303137/Health-safety-nonsense-revealed-Toothpicks-removed-bubbles-banned-childs-party.html>.

MacLAUGHLIN, S. The End of Juicy Burgers? Chefs Ordered To Cook Meat Patties Only "Well Done" In Food Safety Crackdown. *Daily Mail*, 28 abr. 2016. Disponível em: <http://www.dailymail.co.uk/news/article-3564657/Sydney-burgerbars-ordered-cook-meat-patties-health-safety-crackdown.html>.

MYERS, K. Kevin Myers Responds to *The Mirror* About "Health and Safety Gone Mad". *HSE*, 2009. Disponível em: <http://www.hse.gov.uk/press/record/2009/mirror070909.htm>.

NATIONAL SAFETY COUNCIL – NSC. *Accident Facts 1998*. Itasca, Ill.: National Safety Council, 1998.

US WORK-RELATED Injuries, Illnesses Cost $250 Billion Annually: Study. *OHS*, 2012. Disponível em: <https://ohsonline.com/articles/2012/01/23/us-workrelated-injuries-illnesses-cost-250-billion-annuallystudy.aspx>.

PATTINSON, R. Door Prats: Couple's Doormat Seized after Council Staff Deem it a Health and Safety Risk – And the Jobsworths Charged them a £40 Removal Fee. *The Sun*, 2 dez. 2016. Disponível em: <https://www.thesun.co.uk/news/2309314/couples-doormat-seized-after-council-staff-deem-it-a-health-and-safety-risk-asthey-are-charged-40-for-removal>.

ROYAL Society for the Prevention of Accidents. Making the Business Case for Health and Safety. *ROSPA*, 2013. Disponível em: <https://www.rospa.com/occupational-safety/advice/business-case>.

MITO 6
A VIGILÂNCIA MELHORA O DESEMPENHO

A vigilância não afeta somente as pessoas dentro da organização, porque quanto mais dados de vigilância forem coletados, maiores serão as consequências e mais pessoas serão afetadas.

Introdução

Será que a produtividade aumenta ou diminui quando os trabalhadores se sentem observados o tempo todo? Será que a vigilância reduz os furtos e outros tipos de maus comportamentos no local de trabalho? Será que o monitoramento constante torna o local de trabalho mais seguro e protegido?

Um grande estudo conduzido por Oz, Glass e Behling (1999) acerca dos efeitos da vigilância nas atitudes dos trabalhadores constatou, como era de esperar, que na opinião dos trabalhadores a vigilância aumenta as tensões no trabalho e exerce um impacto total negativo. Um estudo mais recente de Samaranayake e Gamage (2011) demonstrou que quanto mais os trabalhadores acreditam que sua privacidade está sendo violada, mais insatisfeitos eles se sentem no trabalho.

Em seu livro *1984,* George Orwell imaginou um mundo distópico, sob constante vigilância, onde:

> Era terrivelmente perigoso deixar os seus pensamentos divagarem, quando você estava num lugar público ou ao alcance de uma câmera. As coisas mais insignificantes podiam denunciá-lo. Um tique

nervoso, um olhar de ansiedade inconsciente, o hábito de murmurar de si para consigo – qualquer coisa que sugerisse alguma anormalidade ou algo a ocultar.

A vigilância já é pervasiva nos espaços públicos e privados, desde circuitos fechados de televisão monitorando os espaços até a coleta de dados eletrônicos em grande escala, que se torna cada vez mais comum nos locais de trabalho. Se você tiver uma conta de e-mail da empresa, o empregador poderá acessar todas as mensagens que você envia e recebe. Se você tiver um passe eletrônico para entrar em vários prédios e recintos, o empregador poderá monitorar os seus movimentos. O empregador tem condições de rastrear tudo o que você faz no computador ou no dispositivo móvel da empresa.

Não há dúvida de que a vigilância é onipresente, e é difícil ou impossível restringi-la; portanto, a pergunta cabível é a seguinte: "Até onde você está disposto a avançar?" Para analisar essa questão, recorreremos ao exemplo de uma empresa que pode usar drones para monitorar o comportamento dos trabalhadores no trabalho e fora do trabalho.

ESTUDO DE CASO: *UM EXEMPLO DE VIGILÂNCIA EXTREMA*

O exemplo, extraído de Orwell, pode parecer fantástico, mas, em dezembro de 2016, o *The Guardian* (Opray, 2016) noticiou que a gigante de mineração Rio Tinto estava contratando os serviços de uma empresa que usaria drones para monitorar os trabalhadores no trabalho e fora do trabalho. E citaram Keith Weston, vice-presidente de vendas globais e desenvolvimento de negócios da mineradora, para quem a vigilância "nos oferece informações e métricas em tempo real, factíveis, sobre os movimentos de máquinas e pessoas, sobre a satisfação dos clientes e até sobre gastos no varejo. Nosso objetivo é chegar ao ponto de captar *insights* individuais sobre onde os trabalhadores consomem tempo e dinheiro para melhorar a qualidade de vida deles".

Notícias posteriores (como em Dunstan, 2016) sugeriram que a Rio Tinto havia desmentido as reportagens anteriores, esclarecendo que "os comentários referentes a tecnologias futuras são meramente conceituais e não há a intenção de adotar esses conceitos nas instalações da Rio Tinto". Evidentemente,

> as intenções sempre podem mudar e a simples possibilidade de essas formas de vigilância em breve estarem acessíveis para os empregadores é motivo de preocupação para muitos trabalhadores.
>
> Embora os empregadores na maioria das situações enfatizem que a coleta de dados sobre os trabalhadores pode ajudá-los a melhorar o desempenho, a identificar problemas de saúde física ou mental, e "captar *insights* individuais" sobre os trabalhadores "e melhorar a qualidade de vida deles", os efeitos psicológicos da vigilância pervasiva também devem ser considerados. Um trabalhador anônimo da Rio Tinto disse: "Até que ponto você consegue se concentrar sabendo que há (sic) drones e câmeras observando-o em todos os lugares aonde você vai?" O trabalhador receava que a vigilância constante provocaria mais estresse e distração num trabalho já perigoso.
>
> Quanto a esse tipo de vigilância e monitoramento que já ocorre na empresa, uma assistente social que interage com esses trabalhadores disse que ela frequentemente ouve queixas e receios dos indivíduos: "Será que isso significa que, se eu estiver com insônia e resolver sair de casa e olhar para as estrelas à meia-noite, alguém estará me observando, e uma luz vermelha se acenderá em algum lugar, deixando-me numa situação difícil?" Esse receio é extremamente semelhante ao descrito na citação de *1984*.

A vigilância excessiva pode gerar suspeita, estresse e desconfiança entre empregadores e trabalhadores. Também compromete a autonomia individual dos trabalhadores, que é fator importante da motivação e da melhoria do desempenho. Se você suprime a autonomia e a flexibilidade dos trabalhadores, você esfria a motivação deles. A vigilância difusa pode enviar a mensagem de que o empregador não confia na capacidade dos trabalhadores de trabalhar com independência.

Vigilância e segurança

A vigilância suscita uma questão subsidiária por envolver ampla coleta de dados e o subsequente armazenamento desses dados. Se as empresas coletam e armazenam dados minuciosos sobre os trabalhadores envolvendo seus comportamentos, conversas, forças e fraquezas pessoais, qual é o grau de segurança desses dados?

Vamos analisar essa questão usando o recente e controverso Investigatory Powers Act, de 2016, do Reino Unido. Essa lei exige que os provedores de serviços de internet (como Virgin Media, BT, EE, TalkTalk, etc.) registrem todos os sites que todos os clientes tiverem visitado no ano anterior. Vários são os argumentos contrários e favoráveis a esse tipo de vigilância, que vão muito além do escopo deste capítulo, mas o aspecto crítico para as empresas não é só se esses provedores são capazes de coletar e armazenar esses dados, mas se elas podem *perder* os dados sobre vigilância. Veja o caso do hackeamento catastrófico da TalkTalk em 2015.

ESTUDO DE CASO: *CIBERATAQUE CONTRA A TALKTALK*

Em outubro de 2015, a empresa de telecomunicações TalkTalk foi vítima de um ciberataque. Os dados pessoais de mais de 150.000 clientes foram acessados e informações bancárias de mais de 15.000 clientes foram roubadas (BBC, 2015). No desfecho, a empresa admitiu que havia perdido 95.000 clientes por causa daquela violação, o que lhe custou £ 60 milhões (Burgess, 2016). Tempo difícil para a empresa, mas quais foram os efeitos para os clientes? Aqueles cujos dados pessoais e, em alguns casos, cujas informações financeiras privadas ficaram flutuando em algum lugar do vácuo frio do ciberespaço? E se todo um ano de rastreamento da navegação deles pela internet tiver sido roubado? E se os dados forem registros de trabalhadores? Ou planos confidenciais da alta administração? As implicações são extremamente preocupantes.

A invasão da TalkTalk é uma forte nota de advertência, em especial quando se consideram os criminosos que perpetraram o hackeamento. Não foi um caso de espionagem empresarial, nem um ataque político de um país inimigo ou de um estado delinquente. Tampouco partiu de um grupo de ativistas ou de uma tribo ideológica. A idade dos que foram presos pelo crime variava de 15 a 20 anos. Um garoto de 17 anos, em Norwich, declarou-se culpado pelo crime, dizendo: "Eu, na hora, não pensei nas consequências. Só estava me exibindo para os colegas" (BBC, 2016).

Se uma grande empresa de capital aberto com receita anual de £ 1,8 bilhão pode perder os dados de centenas de milhares

> de clientes ao ser atacada por um grupo de adolescentes vadios, a ocorrência é um aviso a outras empresas sobre as suas escolhas de vigilância e coleta de dados, além de *se*, *como* e *onde* armazenam os dados – e até que ponto elas estão em condições de protegê-los.

Um estudo encomendado pela IBM (PONEMON, 2016) revelou que as maiores perdas decorrentes de violações de dados empresariais consistem na perda de confiança pelos consumidores e trabalhadores. Na pesquisa de 383 empresas em 12 países, eles descobriram que as violações de dados em todas as empresas custaram cerca de £ 1,5 bilhão no total. Quanto mais sensíveis são os dados, mais onerosa e difícil é a elucidação do hackeamento.

As organizações devem repensar com seriedade a vigilância. Quando e se coletar dados sobre os trabalhadores, como informações médicas, detalhes sobre seus movimentos na vida pessoal e privada, localizações por GPS, ou outras informações pessoais e privadas, e qual seria o custo da perda ou do roubo desses dados.

A vigilância não afeta somente as pessoas dentro da organização, porque quanto mais dados de vigilância forem coletados, maiores serão as consequências e mais pessoas serão afetadas.

O caso da TalkTalk não é de modo algum uma exceção. Por exemplo, no começo de 2016, o FBI (Polícia Federal americana) e o Departamento de Segurança Interna dos Estados Unidos foram hackeados e dezenas de milhares de arquivos pessoais foram violados; o mesmo grupo de hackers avisou que tinham 200 GB de dados do Departamento de Justiça dos Estados Unidos (MCGOOGAN, 2016). O caso da violação dos dados do FBI enfatiza que as consequências de perder arquivos pessoais básicos numa organização de segurança ou inteligência podem ser motivo de grandes preocupações. Se informações pessoais ou profissionais dos trabalhadores são hackeadas ou vazadas para o público, os efeitos podem ser devastadores no moral e na confiança dos trabalhadores. Também pode ter consequências profundamente danosas para a empresa, em termos de efetividade e de percepção e confiança por parte do público.

E quanto ao custo de perder dados sensíveis sobre um líder ou uma equipe de liderança? Hillary Clinton citou as violações e vazamentos dos dados de seu e-mail como uma das causas de ter perdido as eleições para presidente dos Estados Unidos

(CHUCK; ALBA, 2016). Tenha sido essa ou não a razão de sua derrota nas eleições, o fato em si salienta como as violações de dados podem ser embaraçosas e delicadas. Vazamentos e violações de dados pessoais e de informações oriundas de vigilância podem ter efeitos duradouros e contínuos sobre os trabalhadores, sobre os líderes e sobre toda a organização.

Vigilância e supervisão

Uma última consideração referente à supervisão e ao fato de o monitoramento dos trabalhadores ser ou não uma forma eficaz de supervisão. Ao observar as pessoas muito de perto, será que você conseguirá evitar que furtem? Pesquisa conduzida por de Vries e Van Gelder (2015) indicou que as diferenças individuais de personalidade são previsoras muito melhores de maus comportamentos no local de trabalho (explicando cerca de 34% dos incidentes) do que uma cultura de vigilância (10%). A cultura ética também mostrou-se mais eficaz na prevenção de maus comportamentos (15%) do que a vigilância. Tudo isso sugere que a vigilância *pode* ter algum efeito, mas os benefícios são relativamente menores. Os poucos benefícios talvez não compensem as consequências adversas.

Alguns sistemas e processos podem ser implantados para mitigar os riscos e para prevenir e atenuar os maus comportamentos dos trabalhadores, sem uma cultura pervasiva e sufocante de vigilância. A diferença é entre *vigilância*, como operação fechada, e *supervisão*, como estrutura menos agressiva e mais flexível para lidar com problemas potenciais (ver Tabela 6.1).

Tabela 6.1: Características da supervisão e da vigilância

	SUPERVISÃO	VIGILÂNCIA
ATRIBUTO	Proativa	Reativa
PROPÓSITO	Fornecer uma estrutura flexível, capaz de se adaptar a diferentes problemas que venham a surgir, de identificar suas causas básicas, e de evitá-las quando possível.	Identificar, registrar e observar os bons e maus comportamentos quando ocorrerem.

	SUPERVISÃO	VIGILÂNCIA
ESTRUTURA	De hierarquia, de prestação de contas e de níveis de gestão para identificar problemas potenciais e atuais e para manejá-los sob uma perspectiva pessoal e situacional.	Sistemas de monitoramento, registro e armazenamento de dados sobre o comportamento dos trabalhadores ao reagirem a eventos e situações.
ATRIBUIÇÕES	Diferentes indivíduos e grupos são responsáveis pelo funcionamento do sistema; todos os trabalhadores são participantes ativos do sistema.	Técnicos e tecnologias são responsáveis pelo monitoramento e registro de dados referentes a todos os indivíduos e grupos selecionados.
CULTURA	Todos os indivíduos são participantes ativos do sistema, com atribuições claras das quais devem prestar contas.	Os trabalhadores são condicionados a se conscientizar de "bons" comportamentos a serem recompensados e de "maus" comportamentos a serem punidos.
ARCABOUÇO	Arcabouço flexível, adaptável a mudanças.	Arcabouço rígido, com comportamentos proscritos e prescritos.

Exemplos

1. **Supervisão.** A atividade de supervisão numa empresa é mais do tipo observação atenta, inquisitiva e esclarecida. Consiste em estar alerta a quaisquer indícios de possíveis danos ou desvios. Requer que os indivíduos sejam responsáveis por detectar e resolver quaisquer problemas iminentes antes que se tornem complexos e intratáveis. Por exemplo, o Conselho de Administração de uma grande empresa deve se empenhar para que a liderança sênior assuma riscos comedidos, mas não excessivos, e defina objetivos estratégicos certos. Não deve se envolver, porém, no dia a dia das operações, nem assumir atitudes de microgestão – observar e orientar, em vez de vigiar e controlar.

2. **Vigilância.** Um exemplo de sistema de vigilância é a coleta e armazenamento de cópias de todos os e-mails dos trabalhadores,

sem qualquer propósito explícito além de monitorar, coletar e armazenar as interações dos trabalhadores, a não ser a possibilidade de que venham a ser acessados, lidos e analisados por outras pessoas na organização.

Conclusão

A vigilância nem sempre é um método eficaz para melhorar a produtividade. Isso não significa que não deva ser utilizada, mas é uma advertência de que todos os dados coletados de e sobre os trabalhadores devem ser considerados e manejados com cuidado. Quais são os benefícios de captar essa informação e o que pode dar errado?

A vigilância pode reduzir a autonomia e aumentar a suspeição entre os trabalhadores. Coletar e armazenar dados de vigilância sensíveis podem acarretar muitos riscos para a empresa. A vigilância pode surtir alguns efeitos na prevenção de maus comportamentos, mas contribui muito pouco para promover a criatividade, a independência e a motivação ou para melhorar o desempenho. Todos os indivíduos e empresas devem ser extremamente cuidadosos na coleta e proteção de informações oriundas da vigilância. Assuma que é alta a probabilidade de que esses dados acabem sendo roubados ou vazados: será que os benefícios justificam os riscos?

Referências

TALKTALK Hack "Affected 157,000 Customers". *BBC*, 6 nov. 2015. Disponível em: <http://www.bbc.com/news/business-34743185>.

BOY, 17, Admits to TalkTalk Hacking Offences. *BBC*, 15 nov. 2016. Disponível em: <http://www.bbc.com/news/uk-37990246>.

BURGESS, M. TalkTalk Hack Toll: 100k Customers And £60m. *Wired*, 2 fev. 2016. Disponível em: <http://www.wired.co.uk/article/talktalk-hackcustomers-Lost>.

CHUCK, E.; ALBA, M. Hillary Clinton Partially Blames Loss on FBI Director James Comey's Email Inquiry. *NBC*, 12 nov. 2016. Disponível em: <http://www.nbcnews.com/politics/2016-election/hillary-clinton-partially-blames-loss-fbidirector-james-comeys-email-n683046 >.

DE VRIES, R. E.; VAN GELDER, J. Explaining Workplace Delinquency: The Role of Honest-Humility, Ethical Culture, and Employee Surveillance. *Personality and Individual Differences*, v. 86, p. 112–16, 2015.

DUNSTAN, J. Rio Tinto Rules out Drone Surveillance of Workers on Pilbara FIFO Camps. *Australian Broadcasting Corporation*, 8 dez. 2016. Disponível em: <http://www.abc.net.au/news/2016-12-09/rio-tinto-rules-out-drone-surveillance-of-workers/8107758>.

MacRAE, I.; FURNHAM, A. *Motivation and Performance:* A Guide to Managing a Diverse Workforce. Londres: Kogan Page, 2017.

MCGOOGAN, C. Thousands of FBI and Homeland Security Details Stolen by Hackers. *Telegraph*, 8 fev. 2016. Disponível em: <http://www.telegraph.co.uk/technology/2016/02/08/thousands-of-fbi-and-homeland-security-details-stolenby-hackers>.

OPRAY, M. Revealed: Rio Tinto's Plan To Use Drones To Monitor Workers' Private Lives. *The Guardian*, 7 dez. 2016. Disponível em: <https://www.theguardian.com/world/2016/dec/08/revealedrio-tinto-surveillance-station-plans-to-use-drones-tomonitors-staffs-private-lives>.

ORWELL, G. *Nineteen Eighty-Four (1984).* Harmondsworth: Penguin, 2004. [1949]

OZ, E.; GLASS, R.; BEHLING, R. Electronic Workplace Monitoring: What Employees Think. *International Journal of Management Science*, v. 27, p. 167–77, 1999.

PONEMON Institute. Cost of Data Breach Study: Global Analysis. *IBM Security Intelligence,* 2016. Disponível em: <https://securityintelligence.com/media/2016-cost-data-breach-study/>.

SAMARANAYAKE, V.; GAMAGE, C. Employee Perception Towards Electronic Monitoring at Work Place and Its Impact on Job Satisfaction of Software Professionals in Sri Lanka. *Telematics and Informatics*, v. 29, p. 233–44, 2011.

MITO 7
CRIAR UM AMBIENTE DE ESCRITÓRIO NO ESTILO GOOGLE TORNARÁ O PESSOAL MAIS INOVADOR

As empresas sempre ganham com a oferta de benefícios e recompensas aos trabalhadores quando os trabalhadores valorizam os benefícios e recompensas.

Introdução

As empresas de tecnologia e as startups como o Google mudaram a cultura do local de trabalho de várias maneiras, na tentativa de tornar o ambiente de trabalho divertido, peculiar, singular e, em alguns casos, até infantil. Essas organizações têm sido consistentes no esforço para construir certo tipo de cultura de escritório, começando com perguntas diferentes na entrevista de emprego, para, no fim, transformar a natureza do ambiente de trabalho. Mas será que essas mudanças são para melhor ou para pior? E será que haveria outros fatores por trás dessas tendências, além do intuito de apenas tornar o trabalho "divertido"?

Rachel Feintzeig (2015), em artigo no *Wall Street Journal*, descreve as mudanças que o Google introduziu na cultura de escritório e como essas mudanças estão começando a se tornar convencionais. Embora ambientes de escritório tediosos e insossos continuem sendo o padrão, algumas empresas do Vale do Silício, como o Google, estão tentando atrair os melhores talentos, tornando o local de trabalho mais divertido e engajador. Para tanto, introduzem entretenimentos como quadras de basquete de tamanho oficial, videogames de simulação de golfe e televisões de tela panorâmica. Também podem oferecer refeições gourmet, pagas pela empresa, com as últimas tendências culinárias, ou geladeiras plenamente sortidas. Também há as que trazem para o local de trabalho atrações mais infantis, como piscina de bolinhas e playgrounds. Será que tudo isso não passa de um pouco mais de diversão e jogos, ou efetivamente melhora o ambiente de trabalho e os trabalhadores?

As críticas ao modismo de escritórios de plano aberto, no estilo Google, construídos em velhos depósitos, são bastante contundentes. A construção de escritórios de plano aberto é mais barata porque exige menos espaço e consome menos material e mão de obra. Além disso, esses projetos estão na moda e tornam-se cada vez mais comuns. Mas as desvantagens dos escritórios de plano aberto e dos espaços compartilhados também são óbvias – as pessoas têm mais distrações, fofocam mais e trabalham menos, não têm privacidade e acabam mostrando-se mais insatisfeitas e menos produtivas (Kim; Dear, 2013).

Um artigo na *New Yorker* oferece uma análise interessante de como os escritórios de plano aberto levam as pessoas a se sentir melhor e mais próximas dos colegas, mas adverte que esses benefícios não compensam a queda no desempenho resultante da perda de concentração e de produtividade (Konnikova, 2014). Numa resenha das pesquisas sobre escritórios abertos, Hodgkinson *et al* (2011) descobriram que os escritórios de plano aberto reduzem a produtividade, a atenção e a criatividade. A verdade é que o excesso de ruídos e distrações não é bom para a produtividade.

Sobre piscinas de bolinhas e máquinas de café expresso
Seriam meras condescendências?

Outro fator a considerar é o ambiente de escritório, e se sua cultura é compatível com essa atmosfera lúdica inovadora. Conversamos com alguns trabalhadores de escritório de algumas empresas multinacionais, no centro de Londres. Embora algumas pessoas gostem de mesas de pingue-pongue e de piscinas de bolinhas, muita gente acha que esse tipo de cultura e seus supostos benefícios são um tanto condescendentes. Tornar o trabalho mais prazeroso, saudável e envolvente é uma coisa, mas talvez pareça estranho que algumas empresas tentem atrair jovens talentos tratando-os como crianças e sendo condescendente com eles.

Muitos são os benefícios genuínos a serem oferecidos aos trabalhadores para aumentar seu bem-estar, como assistência médica, suporte psicológico, acesso a academias de ginástica, refeitórios com boa alimentação e horário flexível. Será que o playground no escritório aberto é realmente melhor que outros benefícios que contribuem para a saúde física e mental ou que aumentam o bem-estar e a produtividade?

Os trabalhadores anônimos mais céticos que entrevistamos levantaram dúvidas a respeito de esses benefícios mais infantis serem um truque para manter as pessoas no escritório em jornadas mais longas.

Seriam apenas manobras maliciosas para manter as pessoas mais tempo no escritório

Se os benefícios descritos por Stewart (2013) – refeições gourmet, videogames e atividades "divertidas" – estão disponíveis no local de trabalho, por que os trabalhadores deixariam o emprego? Alguns críticos mais céticos diriam que, mesmo reduzindo a produtividade, essas atrações mantêm os trabalhadores no local de trabalho. Se você tem tudo que precisa ou deseja no escritório e ainda por cima é remunerado para ficar mais tempo lá, por que você deixaria o emprego?

Sobre perguntas tolas nas entrevistas

Outra tendência das empresas de tecnologia criativas é usar excesso de criatividade no processo seletivo. Às vezes, perguntas pertinentes, objetivas e importantes são substituídas por perguntas tolas destinadas a avaliar como as pessoas reagem a situações inesperadas, para as quais não estão preparadas. Algumas empresas emergentes inovadoras parecem se esforçar para superar umas as outras com abordagens inusitadas e canhestras. Infelizmente, essas excentricidades nas entrevistas não raro descambam para leviandade e impertinência quando se afastam demais das competências e habilidades importantes para o trabalho. Há quem diga que as perguntas bizarras e atípicas testam a criatividade. O problema e que elas desviam a conversa para rumos que não têm nada a ver com uma entrevista de emprego numa startup ou numa multinacional.

Perguntas tolas nas entrevistas alinham-se com as formas de design mais heterodoxas do ambiente de escritório no estilo Google. Elas pretendem ser descontraídas, talvez inovadoras ou pelo menos diferentes, mas podem não ter um propósito claro. Ambas as tendências, porém, merecem a mesma crítica: trata-se apenas de um pouco de diversão ou têm algum objetivo específico? Para justificar os ambientes frívolos ou as perguntas inadequadas, deve haver evidências de que produzem algum benefício.

As perguntas convencionais das entrevistas de emprego – onde você estudou, o que você aprendeu com as experiências anteriores, o que você espera do trabalho e o que você pode oferecer – talvez pareçam meio repetitivas e pouco esclarecedoras. E quanto às alternativas? Os exemplos abaixo talvez pareçam ridículos, mas de fato estão documentados.

- Se você fosse gelatina, qual seria a sua cor?
- Qual é o cheiro da criatividade?

O Google é uma das empresas que popularizaram esse tipo de entrevista, fazendo perguntas como: "Quantos postos de gasolina existem nos Estados Unidos?", "Quantas bolas de golfe cabem num ônibus escolar típico?" e "Por que as tampas de bueiro são redondas?" (Doré, 2014).

Fazer perguntas fora do quadrado só testa uma coisa: como as pessoas reagem aos imprevistos. Essas abordagens medem, deliberadamente, a capacidade do candidato de inovar e de resolver problemas inesperados. A questão, no entanto, é se outros tipos de perguntas, relacionadas com o trabalho, seriam mais adequadas, mais úteis e mais relevantes para prever o desempenho em circunstâncias inusitadas. Essas perguntas incomuns talvez sejam úteis num *call center* ou numa linha de suporte técnico; as perguntas não relacionadas com o cargo, porém, exatamente por não terem nada a ver com o trabalho, serão pouco esclarecedoras no que se refere a como a pessoa se sairá na função. A resposta à pergunta: "Se você estiver perdido no Deserto do Saara, com uma espátula de prata, quatro dúzias de limões e uma garrafa de gim, você preferiria ter um camelo ou um falcão peregrino?" provavelmente não seria muito esclarecedora quanto às reações do candidato numa situação de trabalho rotineira.

Os empregadores, principalmente os do setor de tecnologia, sempre parecem encontrar novas maneiras de avaliar a criatividade e de embaraçar os entrevistados. É extremamente improvável que perguntas tolas ajudem os entrevistadores a avaliar se um candidato tem as qualificações ou competências exigidas pelo cargo, se está familiarizado com a tecnologia, se contribuiria para as reuniões da equipe ou se manejaria adequadamente serviços aos clientes ou relações com os clientes.

As perguntas excêntricas em entrevistas de emprego revelam mais sobre a personalidade do entrevistador do que sobre as tendências do entrevistado.

Descarte as perguntas esdrúxulas e estapafúrdias e lembre-se destas três regras:

1. Faça perguntas compatíveis com o contexto da entrevista. As perguntas devem se alinhar com os requisitos do cargo e com as competências centrais do candidato almejado. A não ser que o trabalho a ser executado consista em encher ônibus escolares com bolas de golfe, esse não é um tema relevante ou útil a ser abordado. Faça perguntas relacionadas com as competências, conhecimentos e comportamentos necessários para o exercício da função.

2. Certifique-se de que todos os entrevistadores trabalham com base no mesmo referencial e prestam contas sob os mesmos critérios. Essa segunda orientação relaciona-se estreitamente com a primeira, porque se várias pessoas estão entrevistando os candidatos, estes devem ser avaliados e pontuados sob os mesmos critérios. Os entrevistadores podem ter as próprias ideias, às vezes bizarras, sobre as competências de um candidato bem-sucedido. Há quem não goste de indivíduos ruivos, há quem prefira pessoas de certo gênero ou etnia. Alguns indivíduos se dão bem com outros que torcem pelo mesmo time ou do mesmo partido político – fatores que, no duro, são irrelevantes para o desempenho no cargo. Se houver vários entrevistadores, cada avaliador deve fazer avaliações semelhantes, com base no mesmo conjunto de critérios.

3. Foque nos critérios desejáveis *e* indesejáveis. Defina os fatores favoráveis e desfavoráveis. Algumas pessoas que parecem criativas, envolventes ou promissoras não são os melhores candidatos, mas conseguem disfarçar suas deficiências e destacar suas competências

com carisma e compostura. Atente para aspectos obscuros e traços negativos, como narcisismo e manipulação. Faça um checklist de "maus" comportamentos e de "bons" atributos. O candidato tende a ser vago nas respostas, interromper o entrevistador e se vangloriar de suas proezas? Será que seus antecedentes e referências corroboram o que ele afirma na entrevista? Suas atitudes são positivas ou negativas?

Cultura e benefícios devem ser compatíveis

É importante comparar a cultura organizacional com os benefícios oferecidos pela empresa. Os patinetes e playgrounds da empresa podem parecer superficiais e irrelevantes nas organizações em que destoem da cultura e do clima. Alguns clientes talvez fiquem no mínimo preocupados se o seu contador passar a hora do almoço num playground ou se o seu advogado comparecer ao fórum de patinete.

Empresas inovadoras e criativas de alta tecnologia podem oferecer benefícios e vantagens que talvez pareçam exóticos num escritório convencional. Faz sentido que empresas de turismo de aventura, como a G Adventures, ofereçam aos trabalhadores benefícios e bônus na forma de viagens (MacRAE; Furnham, 2017).

As empresas sempre ganham com a oferta de benefícios e recompensas aos trabalhadores quando os trabalhadores valorizam os benefícios e recompensas. Todos os elementos do processo de RH, das entrevistas de seleção e promoção até as políticas de recompensas e bônus ficarão melhores se forem alinhados com a cultura do escritório. Mas é importante ter consciência das tendências de RH e de gestão cuja eficácia for duvidosa. Às vezes, empresas de sucesso fazem tolices e outras com grandes receitas encontram maneiras interessantes e criativas de gastar dinheiro. É bom procurar verificar se uma nova tendência corresponde às expectativas antes de embarcar no trio elétrico de um novo modismo no local de trabalho.

Conclusão

A arquitetura dos locais de trabalho, a cultura dos ambientes de trabalho e as práticas de RH estão melhorando. O trabalho está ficando menos enfadonho e mais divertido para muitas pessoas e tem contribuído para a felicidade dos trabalhadores, tornando-os mais engajados e mais produtivos. Nem todas as inovações, porém, são sempre positivas. Imitar certas práticas de empresas bem-sucedidas não é receita infalível para o sucesso. Algumas novidades divertidas, criativas e instigantes que se mostram eficazes em certas empresas nem sempre produzirão os mesmos resultados em outras empresas. Avalie as práticas de RH com senso crítico e baseie-se em evidências, não em casuísmos, nem em modismos, para fazer a melhor escolha.

Referências e leituras complementares

DORÉ, L. The 11 Hardest Google Interview Questions. *Indy100*, 2014. Disponível em: <https://www.indy100.com/article/the-11-hardest-google-job-interviewquestions-bJ3gJX2wQe>.

FEINTZEIG, R. Google-Style Office Perks Go Mainstream. *Wall Street Journal*, 4 ago. 2015. Disponível em: <https://www.wsj.com/articles/google-style-office-perksgo-mainstream-1438680780>.

FURNHAM, A.; TSIVRIKOS, D.; MacRAE, I. *The Psychology of Behaviour at Work:* The Individual in the Organization. 3. ed. Londres: Psychology Press, 2018.

HODGKINSON, G. P. *et al*. The Physical Environment of the Office: Contemporary and Emerging Issues. *Industrial Review of Industrial and Organizational Psychology*, v. 26, p. 193–235, 2011.

KAUFMAN, L. Google Got It Wrong: The Open-Plan Office Trend Is Destroying the Workplace. *Washington Post*, 30 dez. 2014. Disponível em: <https://www.washingtonpost.com/posteverything/wp/2014/12/30/google-got-it-wrong-the-open-office-trend-is-destroying-the-workplace/>.

KIM, J.; DE DEAR, R. Workplace Satisfaction: The Privacy-Communication Trade-Off In Open-Plan Offices. *Journal of Environmental Psychology*, v. 36, p. 18–26, 2013.

KONNIKOVA, M. The Open-Office Trap. *The New Yorker*, 7 jan. 2014. Disponível em: <http://www.newyorker.com/business/currency/the-open-office-trap>.

MacRAE, I.; FURNHAM, A. *Motivation and Performance:* A Guide to Motivating a Diverse Workforce. Londres: Kogan Page, 2017.

STEWART, J. B. Looking for a Lesson in Google's Perks. *New York Times*, 2013. Disponível em: <http://www.nytimes.com/2013/03/16/business/at-google-a-place-towork-and-play.html>.

MITO 8
MINDFULNESS É A RESPOSTA PARA TODOS OS PROBLEMAS

A mindfulness não é apenas um recurso New Age piegas.
É útil e eficaz, mas está longe de ser a solução para todos os males.

Introdução
O que a mindfulness *não é*

Em vez de começar com uma descrição do que é *mindfulness*, é melhor iniciar este capítulo com o que *mindfulness* não é. Portanto, vamos descartar logo de cara os mitos e equívocos a respeito de *mindfulness*, para, em seguida, focar nos aspectos mais claros e úteis do tema.

Mindfulness não envolve qualquer misticismo espiritualista New Age, ou pseudociência. O tema não tem nada a ver com cristais e cânticos, nem com sucos detox. Para praticá-la, não é necessário sentar-se sobre sacos de feijão nem dar as mãos a outras pessoas num círculo, ouvindo Enya.

Todas essas outras atividades podem usar o conceito de *mindfulness* em benefício próprio. Talvez até possam recorrer com eficácia, mas nem sempre, à *mindfulness*, em combinação com outros rituais e místicas. *Mindfulness*, porém, é um conceito distinto, a ser abordado e praticado como atividade mental, à parte de qualquer espiritualidade, religiosidade ou pseudociência.

O que é *mindfulness*

Konnikova (2012) sugere uma personificação útil da prática de *mindfulness*, diferente dos monges budistas ou dos adeptos da ioga, inspirado em um personagem insigne da literatura inglesa. O exemplo é de um detetive perceptivo e reflexivo, ao mesmo tempo analítico e meditativo. Ele pacifica a mente, foca com intensidade no mundo ao seu redor, e conscientiza-se profundamente do mundo circundante e dos próprios processos mentais. Essa figura mítica e mística é Sherlock Holmes.

Mindfulness é o processo de extrojeção tranquila e silenciosa, em que a pessoa se projeta para fora de si mesma e observa como espectador desapaixonado o contexto e as emoções circundantes. Em vez de reagir instantaneamente às emoções, pensamentos ou compulsões, o praticante de *mindfulness* assiste às próprias ideias à medida que elas aparecem e desaparecem, surgem e somem. Em vez de *ruminação*, ou o foco excessivo em certos pensamentos, que gera estresse e amplia a ansiedade, *mindfulness* envolve conscientização do pensamento, como se estivesse captando-o em outra pessoa, sem nele imergir. Com efeito, a pesquisa científica demonstra que a ruminação aumenta o estresse e a ansiedade (QUERSTRET; CROPLEY, 2013), enquanto a *mindfulness* reduz o estresse (ROSENZWEIG *et al*, 2010; CARLSON *et al*, 2003).

Quando funciona

Um dos benefícios mais tangíveis da *mindfulness* é a capacidade de reduzir o estresse no trabalho. Numa meta-análise de 39 estudos sobre *mindfulness*, Hoffman e colegas (2010) descobriram que a *mindfulness* ajudou a reduzir o estresse e a melhorar o bem-estar psicológico. Isso porque o treinamento em *mindfulness* pode ajudar as pessoas a processar as emoções de maneira diferente e com mais eficácia.

Outra maneira como a *mindfulness* pode ser um recurso poderoso no ambiente de trabalho é melhorar o foco, ao ajudar as pessoas a ignorar distrações desnecessárias. Daí decorre que os empregados que praticam a *mindfulness* aguçam o foco nas tarefas e, em consequência, executam melhor o trabalho, em comparação com aqueles que não participam de treinamento em *mindfulness* (ORTNER; KILNER; ZELAZO, 2007).

Muitas são as pesquisas a indicar que o treinamento em *mindfulness* pode melhorar a criatividade (ou a flexibilidade cognitiva, como os pesquisadores referem-se a essa capacidade). O treinamento em *mindfulness* ajuda a desenvolver a flexibilidade mental, destrava o pensamento rígido e, em consequência, permite que os trabalhadores se abram para novas informações ou novas soluções (DAVIS; HAYES, 2012).

A redução do estresse e o aumento do controle emocional resultantes do treinamento em *mindfulness* geram numerosos benefícios de primeira e segunda ordem. A redução do estresse pelo treinamento em *mindfulness* também tem contribuído para melhorar a qualidade do sono, reduzir a pressão arterial, aumentar os níveis de energia e impulsionar o sistema imunológico. Melhorar o bem-estar dos trabalhadores pode melhorar em muito o desempenho e a produtividade dos trabalhadores (MACRAE FURNHAM, 2017).

Quando pode não funcionar

As pesquisas sobre *mindfulness* revelam que se trata de uma técnica promissora para reduzir o estresse, concentrar o foco e atenuar a distração e os comportamentos contraproducentes. É necessário estar consciente, porém, de que, embora possa produzir benefícios medicinais e profissionais, esse recurso deve ser visto como complemento útil, mas não como substituto. Por exemplo, ainda que se tenha constatado que a *mindfulness* reduz o sofrimento de pacientes com dores crônicas (ROSENZWEIG *et al*, 2010), o que se concluiu foi que essa terapia *reforça* os efeitos do tratamento médico, mas não como sucedâneo.

Há outras críticas à *mindfulness*. Grande parte das descobertas de pesquisas que salientam os efeitos positivos da *mindfulness* baseiam-se em projetos de treinamento bem planejados e implementados (BAER, 2003). No entanto, como qualquer outro curso de treinamento, o da *mindfulness* deve ser bem conduzido e persistente para exercer efeitos positivos. Para ser eficaz, a *mindfulness* precisa ser aprendida e aprimorada, geralmente com a ajuda de um instrutor ou professor.

Tampouco falta quem critique a *mindfulness* pelos efeitos colaterais inesperados, e até problemáticos (FOSTER, 2016). Nem sempre deve-se presumir que a imersão profunda nos próprios pensamentos e emoções é sempre fácil e prazerosa. Às vezes, a conscientização dos próprios pensamentos, emoções e experiências pode trazer dos bastidores para a ribalta da mente sentimentos ou emoções problemáticos ou indesejáveis. Por exemplo, quando alguém está experimentando alta intensidade de estresse (e quando a *mindfulness* não é praticada de maneira adequada ou com orientação suficiente), a conscientização do estresse pode ampliá-lo. Como a orientação psicoterápica e fisioterápica, a *mindfulness* deve ser exercida e cultivada com o apoio de um profissional, conselheiro ou especialista qualificado ou competente.

Se alguém está recebendo tratamento médico contra o câncer, a *mindfulness* pode ajudar a reduzir o sofrimento e a ansiedade que o paciente está experimentando, mas em nada contribui para combater a condição básica e suas consequências. A *mindfulness* não substitui a terapia adequada e as boas práticas de RH; é uma ferramenta adicional que pode ser útil como complemento de outros métodos. Essas mesmas conclusões também se aplicam ao ambiente de trabalho. Se alguém está sendo maltratado ou assediado no local de trabalho, o treinamento e a prática de *mindfulness* podem mitigar o estresse que a pessoa está sentindo e ajudá-la a se conscientizar de suas causas, mas não resolve o problema em si.

Conclusão

A *mindfulness* é uma ferramenta de eficácia comprovada capaz de ajudar a reduzir o estresse, a aliviar a ansiedade e a melhorar o foco e a produtividade. A *mindfulness* não é um recurso piegas New Age. É útil e eficaz, mas está longe de ser uma panaceia para todos os males. A *mindfulness* não substitui as boas práticas de RH, mas deve ser levada a sério como ferramenta de apoio para aumentar a produtividade e a resiliência.

Também é importante lembrar-se de que a *mindfulness* nem sempre é proveitosa para todos os indivíduos, em todas as circunstâncias. Pode não ajudar algumas pessoas, enquanto para outras talvez revele pensamentos e sentimentos incômodos e difíceis. Como qualquer intervenção eficaz no ambiente de trabalho, a *mindfulness* deve ser desenvolvida com orientação e suporte adequados.

Referências

BAER, R. A. Mindfulness Training as a Clinical Intervention: A Conceptual and Empirical Review. *Clinical Psychology: Science and Practice,* v. 10, n. 2, p. 125–43, 2003.

CARLSON, L. E. *et al.* Mindfulness-Based Stress Reduction in Relation to Quality of Life, Mood, Symptoms of Stress, and Immune Parameters in Breast and Prostate Cancer Outpatients. *Psychosomatic Medicine,* v. 65, n. 4, p. 571–81, 2003.

DAVIS, D. M.; HAYES, J. A. What Are the Benefits of Mindfulness? *Monitor on Psychology*, v. 43, n. 7, p. 64, 2012.

FOSTER, D. Is Mindfulness Making us Ill? *Guardian*, 23 jan. 2016. Disponível em: <https://www.theguardian.com/lifeandstyle/2016/jan/23/is-mindfulnessmaking-us-ill>.

HOFFMAN, S. G. *et al*. The Effect of Mindfulness-Based Therapy on Anxiety and Depression: A Meta-Analytic Review. *Journal of Consulting and Clinical Psychology*, v. 78, n. 2, p. 169–83, 2010.

KONNIKOVA, M. The Power of Concentration. *New York Times*, 15 dez. 2012. Disponível em: <http://www.nytimes.com/2012/12/16/opinion/sunday/the-power-ofconcentration.html>.

MacRAE, I.; FURNHAM, A. *Motivation and Performance*: A Guide to Motivating a Diverse Workforce. Londres: Kogan Page, 2017.

ORTNER, C. N. M.; KILNER, S. J.; ZELAZO, P. D. Mindfulness, Meditation and Reduced Emotional Interference on a Cognitive Task. *Motivation and Emotion*, v. 31, p. 271–83, 2007.

QUERSTRET, D.; CROPLEY, M. Assessing Treatments Used to Reduce Rumination And/Or Worry: A Systematic Review. *Clinical Psychology Review*, v. 33, n. 8, p. 996–1009, 2013.

ROSENZWEIG, S. *et al*. Mindfulness-Based Stress Reduction for Chronic Pain Conditions: Variation in Treatment Outcomes and Role of Home Meditation Practice. *Journal of Psychosomatic Research*, v. 68, p. 29–36, 2010.

MITO 9
A NEUROCIÊNCIA É A SOLUÇÃO MÁGICA PARA OS PROBLEMAS DO AMBIENTE DE TRABALHO

Tenha o cuidado de discernir ideias científicas básicas de alegações ingênuas, infundadas e não comprovadas.

Introdução

Neurociência é o estudo do cérebro e de todo o sistema nervoso do corpo; o termo, porém, é usado com frequência para se referir ao estudo da mente e do cérebro, em especial. Todos os processos corporais dos humanos – pensamentos, emoções, movimentos e comportamentos são controlados pelo cérebro. O estudo da neurociência floresceu na segunda metade do século XX e continua a progredir em ritmo acelerado.

Embora se trate de área de pesquisa em rápido desenvolvimento, muito ainda se desconhece sobre as capacidades e as atividades do cérebro humano (Bear; Connors; Paradiso, 2015). Algumas pessoas inescrupulosas e desinformadas exploram essa ignorância, a própria e a alheia, para vender produtos sem base nas evidências já disponíveis e em desenvolvimento. Assim sendo, será que a neurociência realmente merece todo esse *hype* e de fato é capaz de propor soluções para os problemas no ambiente de trabalho?

Estudo acautelatório: o conto do salmão morto

Bennett e colegas (2009) fizeram uma pesquisa e depois publicaram um trabalho científico salpicado de sarcasmo brilhante, usando IRM (imagem por ressonância magnética) para medir a atividade "neural" de um salmão.

Os pesquisadores puseram um salmão morto, do Oceano Atlântico (46 cm e 1.700 g), num aparelho de ressonância magnética, na tentativa de medir o fluxo sanguíneo no cérebro do peixe, enquanto o submetiam a uma "tarefa mental aberta", que consistia em mostrar ao salmão uma série de fotos de rostos humanos e lhe pedir para pensar sobre as emoções que cada uma daquelas pessoas estaria sentindo ao ser fotografada. Os pesquisadores usaram diferentes calibragens no equipamento e descobriram que duas pequenas áreas do cérebro do salmão "reagiam à tarefa". Um leitor pouco sofisticado e desprovido de senso de humor poderia concluir que os pesquisadores haviam descoberto a área do cérebro do salmão morto que responde às emoções humanas.

A outra explicação foi exposta com clareza pelos pesquisadores: "Será que podemos concluir com essa experiência que o salmão tinha se engajado num processo de 'adoção de perspectiva' [compreensão das emoções alheias]? Claro que não". Eles concluíram que as descobertas deles salientavam até que ponto é possível levar as tentativas de medição da atividade cerebral e atribuíram as mudanças nas imagens do cérebro do salmão a meros ruídos, a efeitos aleatórios, que não tinham nada a ver com "tarefa mental aberta" do salmão. Os pesquisadores (BENNETT *et al*, 2009) recomendaram mais cautela com os métodos de pesquisa e advertiram contra o excesso de simplismo na explicação dos experimentos. O uso inadequado ou desinformado das ferramentas pode gerar variações randômicas ou casuísticas e resultados absurdos.

Esse estudo não deve ser interpretado no sentido de que a neurociência não é uma disciplina válida, nem deve ser usado para argumentar que os métodos de imagem para medir a atividade cerebral não são eficazes. A principal mensagem é a necessidade de ser cuidadoso na aceitação e interpretação dos resultados das pesquisas em neurociência, que nem sempre são rigorosas e às vezes são distorcidas, para justificar conclusões incabíveis.

Exemplo acautelatório 1: o Royal Bank of Scotland, na verdade, não pode ler a sua mente

Um artigo de 2017, no *Huffington Post* (Gray, 2017), proclamou alto e bom som, sem sombra de hesitação: "Decidir o trabalho que você quer depois da universidade pode ser assustador". Mas, prosseguindo, declara que tem a resposta! "O Royal Bank of Scotland (RBS) desenvolveu uma solução engenhosa para o problema 'lendo' a mente dos estudantes". Antes mesmo de desbancar a afirmação, convém observar que o RBS teria tido desempenho muito diferente nos últimos dez anos se realmente fosse capaz de ler mentes.

O RBS contratou uma empresa que usa capacete de eletroencefalograma com eletrodos para medir a atividade elétrica na superfície do cérebro. Em seguida, os participantes veem uma série de dez imagens e vídeos que, supostamente, se associam a diferentes competências ou capacidades. Com base na atividade elétrica do cérebro, a máquina identifica os cursos que os participantes talvez achem mais interessantes (o que eles próprios não conseguem fazer). Matt Wall, neurologista do Hammersmith Hospital, explica que, por certo, esse não é o tipo de máquina de neuroimagem até para abordar esse tipo de trabalho; seriam necessárias dezenas de horas, não uns poucos minutos, para conseguir quaisquer resultados próximos dessas pretensões, e, mesmo assim, com muitas limitações. Diz ele: "A ideia de pôr o capacete na cabeça de alguém e ler seus pensamentos e sentimentos é simplesmente ridícula" (Chivers, 2017).

Mesmo que isso seja (e é) puro neuroblá-blá-blá, o artigo, à primeira vista sem intenção, identifica as verdadeiras razões do RBS ao adotar essa abordagem. O chefe de marketing do banco explica que "nossas visitas ao campus das universidades são elemento central de nossa campanha de atração de candidatos deste ano – elas atraem o público e nos permitem ter conversas valiosas com os estudantes que, talvez, ainda não tenham pensado em instituições financeiras para um estágio ou para um trabalho acadêmico". Ainda que seja inútil, o artigo destaca o RBS no meio da multidão e confere à instituição financeira uma aura de credibilidade que não se justificaria pelo desempenho das suas ações.

Exemplo acautelatório 2: será que a sua mente tem a mesma aparência quando você pilota um avião a jato e quando dirige um carro Porsche?

Exemplo ainda mais ridículo foi extraído da campanha publicitária de 2015 da Porsche, fabricante de carros de luxo. O melífluo vídeo de marketing parecia insinuar que dirigir um Porsche em alta velocidade surtia no cérebro do ator o mesmo efeito de pilotar um caça a jato.

Comentaremos rapidamente esse exemplo porque ele leva o neuroblá-blá-blá a um nível inacreditável de inexatidão, que dispensa maiores explicações. O ator começa pilotando um avião a jato, supostamente conectado a um capacete de eletroencefalograma. A cabeça dele gira e oscila como uma bola numa secadora de roupa, enquanto um "cientista" parece explicar os efeitos da experiência no cérebro do ator. O maior problema aqui é que esse exame exige que o participante mantenha a cabeça absolutamente imóvel. Até o repuxo de uma sobrancelha ou um sorriso repentino pode distorcer completamente os resultados. O que esse vídeo mostra é quase tão exato quanto pôr um termômetro num forno de micro-ondas para medir a temperatura externa (atenção: não faça essa experiência em casa).

Seria fácil gastar dezenas de páginas explicando os detalhes específicos do que havia de errado no anúncio da Porsche e por que, do ponto de vista científico, ele é ridículo; mas, em vez disso, vamos fundamentar rapidamente a proposição de que essa tentativa de "neuromarketing" se encaixa total e exatamente no campo do neuroblá-blá-blá.

O que procurar

Muitos artigos começam com uma descrição exata de um conceito (como neurociência, inteligência, etc.); então, sutilmente, transitam das descrições bastante exatas da ciência para as mensagens de marketing mais absurdas, sustentadas muito de leve nas opiniões de praticantes marginais ou em casos aleatórios e disparatados. Por exemplo, um artigo pode começar com a descrição de neurociência e de algumas das ferramentas usadas pelos cientistas para medir a atividade do cérebro, como os aparelhos de ressonância magnética que mapeiam o fluxo sanguíneo para identificar as regiões do cérebro que ficam mais ativas durante a avaliação. Em seguida, o artigo passa, em geral sem sobressaltos, mas, não raro, aos solavancos, para um território mais escorregadio.

Os artigos com neuroblá-blá-blá mais traiçoeiros vão adiante, para descrever como:

> Falamos com um homem que segurava um cartaz de papelão, assediando os transeuntes que passavam pela University College London, para compreender algumas das implicações mais práticas dessa pesquisa sobre neurociência. "Acho que o governo provavelmente usará isso para o controle da mente – na verdade, já estão usando e posso provar o que estou dizendo telepaticamente", diz o homem que chamaremos de David (53, desempregado). Conversamos, então, com um guru famoso (personagem totalmente fictício, delinquente contumaz, no âmbito de neuroblá-blá-blá), que explicou: "Acho que essa pesquisa recente comprova todas as minhas crenças acerca do poder da mente sobre a matéria... embora eu realmente não compreenda a ciência".

Em geral, esses tipos de artigos introduzem alguns fatos vagamente verossímeis, antes de passar rapidamente para o território das fantásticas iscas de cliques ou das irresistíveis promessas de marketing.

Tenha o cuidado de discernir ideias científicas básicas de alegações ingênuas, infundadas e não comprovadas.

Conclusão

A neurociência é uma área do conhecimento extremamente poderosa, que tem feito grandes progressos. As pesquisas em neurociência são tremendamente reveladoras e promissoras, mas o campo ainda é relativamente incipiente e em formação. Ao mesmo tempo, o prefixo "neuro" tem sido usado e abusado para vender as mesmas velhas poções com rótulos diferentes.

Referências

BEAR, M. F.; CONNORS, B.; PARADISO, M. *Neuroscience:* Exploring the Brain. Filadélfia: Lippincott, Williams and Wilkins, 2015.

BENNETT, C. M. *et al*. Neural Correlates of Interspecies Perspectives Taking in the Post-Mortem Atlantic Salmon: An Argument for Multiple Comparisons Correction. *NeuroImage*, v. 47, n. 1, 2009.

CHIVERS, T. No, RBS Can't Read Your Mind and Tell You If You Ought to Work in Banking. *BuzzFeed News*, 4 jan. 2017. Disponível em: <https://www.buzzfeed.com/tomchivers/the-magic-hat-said-rbs-but-i-was-really--hoping-for-slytherin?utm_term=.djV3xyoVzy#.bhpJYvWrVv>.

GRAY, J. Royal Bank of Scotland Uses Brain Scanning Technology to Help Fill Top Graduate Positions. *Huffington Post*, 3 jan. 2017. Disponível em: <http://www.huffingtonpost.co.uk/entry/royal-bank-of-scotland--uses-brain-scanning-technology-to-help-fill-top-graduate-positions_uk_586b8503e4b0f24da6e966f0L>.

A CORKSCREW vs a Left Turn. Porsche. Uncommon. *YouTube*, 21 abr. 2015. Disponível em: <https://www.youtube.com/watch?v=o1huW9RMgkM>.

MITO 10
AS STARTUPS PRECISAM DE UM TIPO DIFERENTE DE LÍDER PARA SEREM BEM-SUCEDIDAS

As empresas, as indústrias, os setores e a economia podem mudar, mas as características de um bom líder se mantêm constantes.

Introdução

Um líder forte, com uma visão clara e com capacidade para implementá-la, é importante para qualquer empresa e, em especial, para os novos negócios e para startups. Com muita frequência, porém, a liderança agressiva e machista é confundida com a liderança vigorosa e instigadora. A cultura informal e impulsiva pode parecer vantajosa e inovadora, quando, realmente, é apenas desorganizada e improvisada.

Há quem imagine que, para serem criativos e "disruptivos", os novos negócios e as startups precisam de um tipo diferente de pessoa para assumir o controle. Jeffrey Hull (2016), escrevendo na *Harvard Business Review*, trata desse equívoco sobre a liderança nas startups. Hull chama esse tipo de liderança de "empreendedorismo visionário", em que os líderes adotam uma abordagem de estudante universitário, trabalhando noite adentro e fazendo as coisas no último minuto. Eles oferecem uma visão ampla e um modelo de ética de trabalho forte, entrelaçando as conexões pessoais numa trama coesa.

É claro que os empreendedores têm traços diferentes dos que distinguem os líderes seniores. Os empreendedores tendem a se envolver mais com os detalhes da própria empresa, enquanto os líderes sêniores geralmente são mais estratégicos e delegam os detalhes. Ambos precisam ter uma visão ampla.

Alguém até poderia argumentar que ser agressivo, desorganizado, informal e vulgar é irrelevante, desde que o líder conduza a empresa para o sucesso. No entanto, como Dan Lyons (2017) escreveu no *New York Times* sobre muitos líderes de empresas emergentes de tecnologia, "o grande problema dos *irmãos na tecnologia* não é só a grossura... é o fato de serem grossos e de serem maus gestores".

O problema é que esse estilo de liderança pode (ou não pode) ser útil para pequenas empresas emergentes, ou startups, nos primeiros estágios do negócio. À medida que a empresa cresce, porém, fica cada vez mais difícil para o líder manter essa cultura de informalidade, preservar os laços estreitos com todos os trabalhadores e cultivar os métodos de gestão intuitivos. Hull (2016) explica que muitas startups pequenas têm 0% de *turnover* de pessoal nos primeiros anos, mas, ao se expandirem, a rotatividade dispara para 40% por volta do terceiro ano.

À medida que a empresa cresce, aumenta a receita e amplia o quadro de pessoal, com mais *turnover* e mais segmentação, o estilo de liderança precisa evoluir, adaptando-se às novas condições. Às vezes, uma pequena equipe integrada, com laços estreitos e interações amigáveis e informais, pode ser eficaz em pequenas startups de nicho. É possível e até provável, porém, que esse clima de proximidade e espontaneidade produza culturas organizacionais tóxicas e destrutivas, como veremos, ao analisar o florescimento recente da *bro culture*, ou "cultura de irmãos".

"Cultura de irmãos" ou "Clube do Bolinha"

A tendência geralmente é conhecida como *bro culture* – problema que, nos últimos anos, está cada vez mais em voga no ambiente de trabalho, sobretudo em startups e no setor de tecnologia (Minter, 2017). De alguma maneira, os empreendedores mais jovens estão ressuscitando o velho "clube do bolinha", com pitadas generosas de "irmandade". Trata-se de uma cultura agressiva e impulsiva, bravateira e fanfarrona, caracterizada, geralmente, pelo relacionamento ambivalente com a verdade. Outros ingredientes muito comuns são preços de ações inflados e decisões de negócios ousadas, baseadas mais na personalidade e na ostentação do que na moderação e na sensatez.

Nesse contexto, os líderes tendem a se caracterizar pelas decisões imaturas e impulsivas. O foco da gestão é no lucro imediato e no crescimento acelerado, sem se preocupar com os efeitos a longo prazo, nem com as leis e regulamentos, com as boas práticas de negócios e com o impacto sobre os trabalhadores, sobretudo os que não participam do "clube do bolinha".

Outro aspecto da "cultura de irmãos" é a tendência à misoginia e à discriminação explícita ou implícita contra quem não se encaixa no modelo de roda livre e peito estufado de macho alfa belicoso. Lyons (2017) descreve esse ambiente como uma cultura onde "as mulheres, embora aceitas, raramente são promovidas e, às vezes, se queixam de assédio. Trabalhadores mais velhos e de grupos minoritários são excluídos".

A cultura organizacional e os padrões comportamentais são impostos pela minoria no topo (MacRAE; FURNHAM, 2014). Essa atitude dos líderes de dirigir a empresa para o próprio entretenimento se infiltra por toda a organização, para os lados e para baixo, e torna-se contagiosa. Essas empresas tendem a enfrentar graves problemas de comportamento antiético, inclusive de misoginia, afagos não consentidos e queixas de assédio sexual (ILLING, 2017).

"Cultura de irmãos" entre os militares

Na próxima seção, discutiremos a "cultura de irmãos" no setor de tecnologia, pois os problemas referentes ao tema têm sido objeto de muita atenção no Vale do Silício e nas startups de tecnologia. Antes do foco na cultura de irmãos em empresas de alta tecnologia, a tendência já havia sido identificada entre os militares dos Estados Unidos. O exame dos efeitos da cultura de irmãos entre os militares americanos enfatiza os problemas daí resultantes e como suas consequências podem ser graves e deletérias.

O problema da cultura organizacional hipermasculina, mas imatura, não é nada novo, tanto que a cultura de irmãos já foi criticada nas Forças Armadas dos Estados Unidos (SORCHER, 2013). Trata-se de um ambiente de trabalho com características singulares, mas também é uma cultura em que os assédios e os ataques sexuais são generalizados e desenfreados. Há quem critique o ambiente hipermasculino predominante no meio militar, as velhas tradições de uma organização só de machos, e os desafios e as demandas do trabalho.

A questão, porém, não diz respeito aos níveis aceitáveis de assédios e ataques sexuais e, no caso das Forças Armadas, os limites são definidos com mais clareza do que nas empresas do setor privado, onde os romances no escritório podem ser consensuais e apropriados. Já entre os militares, como em todos os outros aspectos do trabalho, há normas e regulamentos específicos sobre conduta sexual. No meio militar, romance e sexo são territórios minados, terra de ninguém, áreas proibidas. Os contextos militares devem ser assexuados. Os militares não podem namorar entre si, não importam a patente e a hierarquia. A verdade, porém, é que as tentativas de proibir contatos sexuais em ambientes militares têm sido infrutíferas.

Esse é um exemplo de cultura entre irmãos em que os membros do endogrupo protegem uns aos outros e conluiam em comportamentos antiéticos. Qualquer organização que promova esse tipo de cultura enfrentará problemas no curto e no longo prazo.

O exemplo do setor de tecnologia

Vários são os exemplos da toxidade da cultura de irmãos nas empresas de tecnologia do Vale do Silício. Esse é um setor em que predominam avaliações de mercado descomedidas, estratégias de marketing bravateiras e investimentos descomunais em projetos fantasiosos, muitos dos quais nunca se realizam. Isso não significa, porém, que essas imputações se apliquem a todas as startups de tecnologia, mas essa é uma indústria em que, geralmente, se lançam quantias exorbitantes sobre projetos imprecisos e não raro infrutíferos.

Veja o exemplo da Quirky, uma "plataforma social de desenvolvimento de produtos", fundada em 2009 por Ben Kaufman, que levantou US$ 185 milhões, desbaratados em relativamente pouco tempo, e que acabou falindo, em razão de problemas com o negócio e de erros de liderança (Lyons, 2017).

O Uber também tem tido dificuldades com a sua cultura de liderança. Relatos recentes de assédio sexual dentro da empresa, em publicações como *New York Times* (Lyons, 2017) e *Vox* (Illing, 2017), destacaram um dos casos. Uma empregada do Uber, engenheira Susan Fowler, escreveu que tinha sofrido assédio sexual, mas a administração ignorou a queixa, dizendo que o indivíduo acusado de assédio era um *high performer* e que "a administração não se sentia à vontade para puni-lo." Mais tarde, depois de sucessivas reclamações, Fowler foi advertida de que as queixas eram o problema, não o comportamento de que ela se queixava.

A questão do assédio vai além da vítima, embora os efeitos não devam ser minimizados. Uma cultura de segregação, de assédio, de decisões impulsivas e de bravatas compulsivas, em detrimento da substância e da eficácia, é destrutiva. Alguns setores conseguiram revigorar culturas superadas, exaustas e contraproducentes, em que a empresa é dirigida para proveito e usufruto da liderança sênior e do seu endogrupo.

A conclusão é que esse tipo de cultura e estilo gerencial não é bom para a produtividade, para os resultados e para o lucro.

O que fazer a respeito?

O *Guardian*, com a PricewaterhouseCoopers (MINTER, 2017), oferece algumas dicas para ajudar startups digitais a manejar a cultura de irmãos. As recomendações são aplicáveis a qualquer startup; na verdade, a qualquer empresa:

1. **Peça *feedback* honesto.** Seja aberto para ouvir *feedback* positivo e negativo, e não questione o que for dito. Mais do que pedir, abra-se para o *feedback* franco e seja receptivo ao que ouvir.

2. **Institua uma política de tolerância zero ao assédio.** Assédios de qualquer espécie, principalmente o sexual, não cabem no local de trabalho. Imponha normas rigorosas contra o assédio sexual a serem aplicadas na prática, sem complacência.

3. **Pergunte aos ex-empregados.** Converse com os ex-empregados para compreender por que eles deixaram a empresa e como era a empresa na época em que trabalharam lá. Peça opiniões honestas e seja receptivo. Se necessário, pague-lhes pelo tempo e pela honestidade.

4. **Contrate um especialista ou uma equipe de RH.** As startups e pequenas empresas geralmente economizam com RH. Os empreendedores, os líderes e outros atores nesses

contextos podem ser capazes, mas nada substitui o bom profissional de RH numa empresa em crescimento.

5. **Cresça com o negócio.** As empresas mudam à medida que crescem, e assim também deve ser com seus líderes. As melhores pessoas que constituíram a empresa dificilmente serão capazes de exercer todas as funções estratégicas à medida que o negócio se expande, daí a necessidade de esses indivíduos evoluírem com o negócio e contratarem gente capaz de preencher as lacunas da empresa em expansão.

O que caracteriza um bom líder?

As empresas, as indústrias, os setores e a economia podem mudar, mas as características de um bom líder se mantêm constantes. Além de inteligência, conhecimento, motivação e competências, seis são os traços fundamentais de um bom líder (MACRAE FURNHAM, 2014).

1. **Conscienciosidade.** É a motivação e o impulso para alcançar objetivos construtivos de longo prazo. Alta conscienciosidade envolve planejamento cuidadoso, ênfase nos objetivos e disciplina persistente. O raciocínio estratégico é impossível sem alta conscienciosidade. Os líderes menos conscienciosos são aqueles cujas organizações serão governadas totalmente pela estratégia. Eles podem ser brilhantes na negociação de situações imprevistas, na adaptação às novas circunstâncias e na tomada de decisões, mesmo quando não sabem bem o que está acontecendo. Os líderes mais conscienciosos tendem a ter mais motivação intrínseca, enquanto os menos conscienciosos tendem a ser motivados por fatores externos, pelos circunstantes e pelas circunstâncias.

2. **Adaptabilidade.** É a capacidade de reagir ao estresse. Conseguir enfrentar altos níveis de estresse é um traço importante do líder, mas também tem a ver com as demandas da organização e com os fatores situacionais. Maiores demandas, pressões mais intensas e climas hostis requerem mais adaptabilidade. Os líderes devem ser responsáveis e enfrentar as consequências, o que exige estabilidade emocional.

O estrategista deve ser capaz de superar a própria instabilidade emocional e focar nos valores e na estratégia da organização. Os mais adaptáveis são muito resilientes ao estresse, enquanto os menos adaptáveis são mais afetados pelas dificuldades que enfrentam no trabalho.

3. **Curiosidade.** É um atributo essencial para a estratégia: o desejo de aprender e explorar é fundamental para o estrategista. A boa estratégia baseia-se na compreensão fecunda da empresa, de suas pessoas, e do que está ocorrendo fora da organização. O aprendizado contínuo orienta a estratégia de cima para baixo, ajuda a desenvolver estratégias emergentes promissoras e a tomar decisões esclarecidas. É difícil aprimorar a compreensão estratégica de qualquer questão ou contexto sem curiosidade intelectual. As pessoas imbuídas de alta curiosidade intelectual gostam de novos métodos e ideias; já as menos dotadas de curiosidade intelectual aderem às soluções testadas e comprovadas.

4. **Propensão ao risco.** É a maior ou a menor disposição de alguém para enfrentar e resolver situações difíceis. O líder como estrategista deve ter a coragem de explicar por que a estratégia é importante, mesmo ao enfrentar oposição. Precisa ter a fortitude para defender e expor os próprios valores. Os mais propensos ao risco tendem a ser mais criativos no manejo dos problemas, enquanto os menos propensos ao risco tendem a ser mais reativos e instintivos.

5. **Aceitação da ambiguidade.** É a capacidade de lidar com a incerteza e com a complexidade. As soluções simplistas são em geral as mais atraentes e menos eficazes. As pessoas mais capazes de aceitar a ambiguidade procuram mais informações, mesmo quando conflitantes. Os líderes devem estar dispostos a ouvir opiniões impopulares ou dissidentes, e aqueles menos capazes de admitir a ambiguidade são pouco tolerantes com veleidades e extravagâncias. A boa estratégia envolve o manejo da complexidade e da ambiguidade. As soluções inequívocas, incontestáveis e monocromáticas são típicas de líderes autocráticos e intransigentes. Os líderes mais tolerantes com a

ambiguidade florescem em ambientes complexos enquanto os menos tolerantes com o conflito e o dissenso preferem soluções claras e ambientes de trabalho estáveis.

6. **Competitividade.** A capacidade e a disposição para competir é importante, mas com moderação. A competitividade construtiva foca no sucesso da organização e na vantagem competitiva das equipes, dos departamentos e das empresas. O líder competitivo ponderado e flexível é capaz de canalizar o anseio de vencer para objetivos realistas e construtivos. O líder hipercompetitivo quer ser visto como o responsável pelo sucesso da organização, enquanto o líder não competitivo tende a ter dificuldade em focar nas vantagens estratégicas e na exploração de oportunidades. Já os líderes moderadamente competitivos adotam uma abordagem equilibrada e colaborativa.

Conclusão

Os bons líderes apresentam as mesmas características em todos os setores de atividade e, por mais que mudem a tecnologia e a economia, as organizações sempre precisam de líderes fortes, estáveis e visionários que modelem e vivenciem a cultura organizacional. Em alguns setores, como o de empresas emergentes de alta tecnologia, alguns líderes parecem alcançar o sucesso com estilo, mas sem substância. No entanto, sem um modelo de negócios promissor e sem uma equipe de liderança eficaz e com substância, o negócio provavelmente estará fadado ao fracasso.

Referências

HULL, J. How Your Leadership Has to Change as Your Startup Scales. *Harvard Business Review*, 20 maio 2016.

ILLING, S. Uber and the Problem of Silicon Valley's Bro Culture. *Vox*, 28 fev. 2017. Disponível em: <https://www.vox.com/conversations/2017/2/28/14726004/uber-susan-fowler-travis-kalanick-sexism-silicon-valley>.

LYONS, D. Jerks and The Start-Ups They Ruin. *New York Times*, 1 abr. 2017. Disponível em: <https://www.nytimes.com/2017/04/01/opinion/sunday/jerks-andthe-start-ups-they-ruin.html>.

MacRAE, I.; FURNHAM, A. *High Potential:* How to Spot Manage and Develop Talented People at Work. Londres: Bloomsbury, 2014.

MINTER, H. How to Tackle Bro-Culture in Startups. *The Guardian*, 13 mar. 2017. Disponível em: <https://www.theguardian.com/careers/2017/mar/13/sexism-tech-startups-women-workplace>.

SORCHER, S. How the Military's "Bro" Culture Turns Women Into Targets. *The Atlantic*, 9 set. 2013. Disponível em: <https://www.theatlantic.com/national/archive/2013/09/how-the-militarys-bro-culture-turns-wome-ninto-targets/279460/>.

MITO 11
É MELHOR TER AUTOESTIMA ELEVADA NO TRABALHO

A importância da autoestima e seus efeitos sobre o desempenho no trabalho não são desprezíveis, mas são muito exagerados.

Introdução

Autoestima é a crença ou confiança nas próprias competências. A autoestima elevada geralmente é considerada atributo positivo, e uma vantagem no ambiente de trabalho. É um tema importante para os gestores, departamentos de RH e, com efeito, para qualquer pessoa que trabalhe com pessoas. A autoestima exerce forte influência sobre como as pessoas se comportam com os colegas, sobre o grau de confiança que demonstram no trabalho e sobre como os trabalhadores se apresentam no ambiente de trabalho.

É verdade que a baixa autoestima no trabalho não raro é causa de muitos problemas. As pessoas com baixa autoestima tendem a ser escrupulosas, meticulosas, inseguras, desconfiadas, retraídas, avessas ao risco e com problemas interpessoais. Os indivíduos com autoestima muito baixa podem ser tímidos e se sentir pouco à vontade ao demonstrar suas competências e talentos. Sem autoconfiança, as pessoas perdem mais tempo questionando a qualidade do próprio trabalho e se preocupando com a maneira como são vistas pelos colegas do que sendo produtivas e eficazes. A baixa autoestima tem sido associada a todos os tipos de problemas, como incapacidade de liderança, fracasso no trabalho, conflitos interpessoais, dificuldade em encontrar trabalho e inconstância na produtividade e na qualidade do trabalho.

As pesquisas sobre baixa autoestima aprofundaram os estudos sobre as causas e os efeitos da elevada autoestima. A melhoria da autoestima em crianças, adolescentes e adultos pode mitigar alguns dos problemas mencionados acima. Há quem diga, porém, que se exagerou a ênfase nesse atributo.

O movimento da autoestima

"O céu é o limite quando você se empenha em conseguir alguma coisa" é um mote muito comum. Ensina-se às crianças em idade escolar que elas são capazes de realizar qualquer objetivo se tiverem força de vontade e trabalharem com afinco. Contratam-se palestrantes motivacionais para animar os trabalhadores, na tentativa de inspirá-los a trabalhar com mais disposição, a ser mais produtivos e a realizar "todo" o seu potencial.

A rápida ascensão do movimento da autoestima popularizou o foco nos programas de treinamento, na educação e nos projetos para aumentar a confiança das pessoas. Confie em si próprio e você vencerá, e algumas pessoas passaram a acreditar que a autoconfiança é suficiente para progredir. E em alguns casos é: a autoconfiança exuberante e a arrogância convincente às vezes funcionam. Muita gente se deixa impressionar pela vanglória e lengalenga de indivíduos que se dizem capazes de resolver os problemas do mundo e de realizar proezas sem precedentes por meios inéditos. Esperança e carisma às vezes são irresistíveis, inclusive em negócios, mas o excesso de confiança pode ser o caminho certo para o fracasso.

Mas também há quem critique o movimento da autoestima. Ele começa cedo, nas escolas, como é o caso de competições em que todas as crianças recebem prêmios por participação, qualquer que tenha sido o seu desempenho. É uma ideia que nem sempre se confirma na vida real. Nem todos são recompensados apenas por terem comparecido ao trabalho. Ninguém recebe bônus por se considerar o melhor executor; as pessoas são recompensadas pelas realizações.

É fácil argumentar que o pêndulo da autoestima foi muito longe; que estamos levando as pessoas a se concentrar demais na autoestima e de menos no desempenho. Sem dúvida, há um fundo de verdade nessa reação, mas isso não significa que o pêndulo deva retroceder até o extremo oposto, sufocando as esperanças e os sonhos dos trabalhadores, a ponto de transformá-los em massa de manobra manipulável.

Autoestima excessiva e narcisismo

O maior risco de inflar a autoestima é levá-la longe demais e convertê-la em comportamento presunçoso e autocongratulatório, que não é benéfico, nem construtivo no ambiente de trabalho (EMLER, 2005).

Em seu livro *Confidence* (2014), Tomas Chamorro-Premuzic descreve como a autoestima é considerada útil, a chave do sucesso na vida e nos negócios. As mesmas pessoas que se sentem prejudicadas pela baixa autoestima também admiram as que demonstram mais autoconfiança e segurança.

Em *Confidence*, Chamorro-Premuzic mostra que o excesso de autoconfiança pode efetivamente tornar as pessoas menos simpáticas, menos propensas a encontrar trabalho, e menos bem-sucedidas no longo prazo. No sentido oposto, baixos níveis de autoconfiança podem ter um lado positivo. Modéstia, humildade, escrúpulo e despretensão às vezes são cativantes, sob certos aspectos, tanto na vida quanto no trabalho. Os trabalhadores com baixa autoestima, embora competentes, são mais inclinados a prometer menos e a entregar mais, ou seja, tendem a surpreender. Os trabalhadores com elevada autoestima, mesmo competentes, ao contrário, são mais propensos a prometer mais e a entregar menos, ou seja, a decepcionar, principalmente quando a autoconfiança supera a competência.

Do mesmo modo, é importante distinguir entre narcisismo doentio e repulsivo, que decorre do egocentrismo e da vanglória; e autoconfiança saudável e cativante, mais benfazeja nas pessoas altamente competentes, com longo histórico de realizações.

O problema das pessoas narcisistas, com autoestima excessiva crônica, é serem altamente dependentes do reconhecimento e do enaltecimento dos outros, para confirmar e validar o alto conceito que têm de si mesmas. Elas se tornam muito vulneráveis, porque são dependentes de elogio e viciadas em reconhecimento. Se não mais receberem os méritos de que são tão adictas no trabalho, elas se tornam impulsivas e perdem as estribeiras. Em muitos casos, porém, essas pessoas, na verdade, sofrem de baixa autoestima, são inseguras, e carecem de constante autoafirmação, razão por que dependem tanto dos colegas para lhes inflarem o ego o tempo todo.

Autoavaliação exata

A essência do argumento é que precisamos ser imparciais e exatos na autoavaliação de nossas competências, com realismo e aceitação. Para cultivarmos a autoconsciência, precisamos assumir a responsabilidade por nossas ações. Daí decorre a diferença entre autoestima autêntica e intrínseca e autoestima artificial ou extrínseca. A primeira é endógena e sob nosso controle; a segunda é exógena e sob o controle alheio, daí sua fragilidade e efemeridade.

As pessoas devem ter consciência das próprias capacidades e limitações no trabalho, que devem ser compatíveis com seus níveis de autoestima. Em vez de turbinar a autoestima, devemos focar em níveis mais realistas de autoconfiança no trabalho. Não faz sentido inflar a autoestima de trabalhadores incompetentes; agir assim é condená-los ao fracasso e à decepção. Se desenvolverem autoconfiança mas não aprenderem a nadar, simplesmente afundarão na piscina.

As competições de talentos geralmente recorrem a esse artifício para fins de humorismo ou para a exasperação do público. Se você acreditar em si mesmo e se esforçar o suficiente, é provável que você vença, certo? Errado. As expectativas precisam corresponder aos talentos.

O lado positivo do fracasso

A autoestima tem mais a ver com os riscos que estamos dispostos a correr do que com a nossa probabilidade de sucesso ou fracasso. No processo de desenvolvimento pessoal, aprender a fracassar é mais importante do que autoestima ou sucesso.

Todos erramos e fracassamos várias vezes, ao longo da carreira e da vida, e as consequências e implicações variam muito entre as pessoas. Os erros acontecem, e os trabalhadores mais eficazes e mais brilhantes têm a capacidade de lidar com os erros e de aprender com os fracassos.

Vários são os argumentos em favor do foco no fracasso. Primeiro, os erros facilitam a compreensão ao ilustrar os princípios básicos com clareza. Segundo, os erros são simplesmente inesquecíveis; as pessoas tendem a não repetir os erros se estiverem conscientes de suas causas e efeitos, e podem refletir sobre eles em um ambiente supervisionado. Terceiro, os erros salientam a mensagem de pensar antes de agir, de se manter atento, de estar "por inteiro", presente de corpo e alma. Tudo isso ajuda a concentrar a mente, a identificar os problemas e a conceber soluções sensatas.

Quaisquer que sejam os níveis de autoconfiança, aprender a manejar o fracasso é essencial. Pessoas bem-sucedidas, de alto potencial, cometem erros e aprendem a não repetir os mesmos erros. Ou aprendem a evitar o problema no futuro. E tornam-se ainda mais capazes de lidar com os problemas no futuro. Os trabalhadores de baixo potencial são mais propensos a repetir os mesmos erros, reiteradamente, por não se responsabilizarem por suas atribuições, nem compreenderem por que as coisas deram errado.

A autoestima excessiva pode ser uma barreira ao aprendizado, com o fracasso. As pessoas que são superconfiantes em suas capacidades podem ter mais dificuldade em assumir a responsabilidade pelo fracasso. Talvez seus níveis de autoestima sejam muito elevados a ponto de não conseguirem imaginar como podem ter sido culpados pelo erro – o que os leva a atribuir a falha às condições externas, sem refletir sobre o que talvez tenham feito errado.

Já as pessoas com baixa autoestima podem ter dificuldade em aprender com o fracasso por diferentes razões. É possível que não tenham autoconfiança suficiente para enfrentar novos desafios ou aproveitar novas oportunidades, pelo fato de recear demais o fracasso. Ou quem sabe fiquem preocupadas demais com o que outras pessoas podem pensar de seus erros, a ponto de não se recuperar do fracasso, de não aprender com o erro e de não dar a volta por cima para enfrentar o próximo desafio.

A importância da autoestima e seus efeitos sobre o desempenho no trabalho não são desprezíveis, mas são muito exagerados.

Conclusão

A autoestima é em geral saudável e constitui uma vantagem para aumentar a produtividade no trabalho, quando se alinha com as capacidades. Embora a autoestima possa ser útil, a autoestima demasiadamente elevada pode gerar conflitos interpessoais e criar problemas de desempenho. No sentido oposto, a baixa autoestima, ao contrário da opinião popular, nem sempre é negativa.

As pessoas com autoconsciência, nem humildes demais, nem vaidosas demais de seus talentos e competências, são as mais propensas ao sucesso. Paradoxalmente, pode ser extremamente imprudente e pernicioso inflar a autoestima quando ela não tem respaldo nas competências e talentos reais.

Referências e leituras complementares

BAUMEISTER, R. *et al*. Does High Self-Esteem Cause Better Performance, Interpersonal Success, Happiness And Healthier Lifestyles? *Psychological Science in the Public Interest*, v. 4, p. 1–44, 2003.

CAMPBELL, W. Is Narcissism Really So Bad? *Psychological Inquiry*, v. 12, p. 214–16, 2001.

CHAMORRO-PREMUZIC, T. *Confidence*. Nova York: Hudson Street Press, 2014.

CROCKER, J.; WOLFE, C. Contingencies of Self-Worth. *Psychologist Review*, v. 108, p. 593–623, 2001.

EMLER, N. *The Costs and Causes of Low Self-Esteem*. Londres: London School of Economics, 2005. (Não publicado.)

OTWAY, L.; VIGNOLES, V. Narcissism and Childhood Recollections. *Personality and Social Psychology Bulletin*, v. 32, p. 104, 2006.

MITO 12
SÓ USAMOS 10% DO CÉREBRO NO TRABALHO

Não é que os humanos tenham alguma capacidade inexplorada no cérebro – a totalidade do cérebro é usada para diferentes propósitos, em diferentes momentos.

Introdução

Imagine se todos pudessem trabalhar com dez vezes mais afinco, mais inteligência, mais empatia, mais análise e mais organização. Um mito duradouro é o de que os humanos usam apenas 10% do cérebro e que o resto é espaço para crescimento.

Este é um dos mitos mais ridículos que se perpetua nos ambientes de trabalho e na cultura popular. O filme de ficção científica *Lucy*, de 2014, baseia-se nesse mito como ponto central da trama, em que a personagem de Scarlett Johannson é forçada a ingerir drogas que a capacitam a usar a capacidade ociosa de 90% do cérebro. A ficção consiste em imaginar que explorar os 90% ociosos do cérebro pode engendrar poderes super-humanos de raciocínio, análise e comportamento.

Os futuristas do trabalho vibram com a ideia de que há uma solução rápida ou um atalho fácil para aumentar a capacidade e o desempenho dos humanos. Psicólogos e médicos consideram a ideia risível e não compreendem por que ela é tão persistente.

O argumento biológico

Barry Beyertein (1999), da Simon Fraser University, fez uma análise devastadora do mito dos 10% do cérebro quase duas décadas atrás, mas não parece ter derrubado a crença. Este mito envolve mais problemas cuja análise exige mais espaço do que o disponível neste livro. Uma das contestações mais fortes, porém, é a de se tratar de insensatez biológica e evolutiva. O cérebro é, de longe, o órgão do corpo que consome mais recursos do organismo, usando cerca de 20% da energia disponível. Por que será que um órgão tão poderoso seria tão ineficiente, desperdiçando 90% de sua capacidade? Não é que os humanos tenham alguma capacidade inexplorada no cérebro – a totalidade do cérebro é usada para diferentes propósitos, em diferentes momentos.

Numerosos estudos biológicos poderiam confirmar ou desmentir o mito da ociosidade do cérebro, mas as evidências demonstram, irrefutavelmente, que o cérebro já usa toda a sua capacidade. Estudos metabólicos, análises microestruturais e pesquisas sobre doenças neurais não fornecem suporte para o mito dos 10%, que parece ter sido promovido e estar sendo mantido pela indústria da autoajuda.

A tecnologia de imagem cerebral também mostra que, mesmo durante o sono, não há áreas completamente inativas no cérebro. Em seguida, no exame abrangente do funcionamento do cérebro e de áreas especializadas, ninguém detectou a grande área ociosa que corresponderia a 90% do cérebro.

Outro argumento consiste em considerar o que acontece quando se remove parte do cérebro. Por certo, se usamos apenas 10% do cérebro, os outros 90% poderiam ser removidos sem grandes perdas. Vendedores maneirosos que se gabam da possibilidade de aumento de 90% na capacidade do cérebro estão distorcendo e manipulando a realidade.

Por fim, considerando o processo de seleção natural, parece improvável que recursos escassos sejam desperdiçados para produzir e manter um órgão subutilizado, com efeitos negativos para o corpo como um todo e para os demais órgãos, uma vez que a desproporção do cérebro humano em termos de tamanho, peso e consumo de energia é muito onerosa para o sapiens.

A importância da atenção

A realidade é que o cérebro humano tem enorme capacidade de reflexão, concentração e análise, mas não pode fazer tudo de imediato e ao mesmo tempo. Imagine uma situação de trabalho em que você usasse todos os seus sentidos e ao mesmo tempo pensasse em todas as suas atribuições. Tente isso agora. Sinta a temperatura do ar na sua pele. Respire fundo pelo nariz e perceba a variedade de cheiros. Ouça todos os sons ao seu redor, não importa quão intensos e prolongados. Lembre-se do que você ingeriu no café da manhã e de sua primeira conversa no trabalho, de manhã, ao chegar. Pense no que você precisa fazer hoje, nesta semana e ao longo do mês. Considere seus objetivos de carreira e o que você gostaria de realizar no trabalho no próximo ano e nos próximos dez anos. Imagine o que os seus colegas estão fazendo e o que gostariam de realizar, e, por fim, reflita sobre como tudo isso se alinha com os seus objetivos de carreira.

Não é possível. Uma das capacidades do cérebro humano é efetivamente focar em detalhes e bloquear o excesso de informação. É o que denominamos atenção. O cérebro humano também é admiravelmente flexível na capacidade de captar e processar muitas informações diferentes, para raciocinar, aprender, ajustar-se e melhorar seu desempenho.

Usando o exemplo do filme mencionado na Introdução deste capítulo, se o seu empregador lhe der uma pílula que o force a usar 100% do cérebro em todos os momentos (assumindo que isso seja possível), essa possibilidade não seria empoderadora, nem proveitosa – seria sobrepujante e aterrorizante. Haveria um jorro constante de informações brutas, não processadas, a inundar o seu cérebro, que sufocaria toda a sua capacidade de concentração. Imagine-se assistindo à CNN e ouvindo nove estações de rádio ao mesmo tempo.

Inteligência e desempenho no trabalho dependem da capacidade de filtrar e processar informações, de focar em tarefas específicas e de usar um conjunto de informações personalizadas.

Ganhos no local de trabalho

É apelação sustentar que a maior parte do cérebro está ociosa e que é enorme o potencial inexplorado de nossa capacidade mental. Imagine aumentar o desempenho, a produtividade e a lucratividade em dez vezes. Infelizmente, tudo isso é pouco mais que fantasia, sem base nos fatos.

A verdade sobre o que os psicólogos aprenderam com a pesquisa em neurociência é a possibilidade de melhorar aproveitando o potencial inexplorado do cérebro. O aprendizado e o desenvolvimento efetivamente afetam o cérebro, mas de maneira sutil e gradual. Para quem quiser melhorar o desempenho no local de trabalho, o caminho é muito mais difícil do que tomar uma pílula ou uma poção mágica e melhorar da noite para o dia. Como um atleta exercitando e desenvolvendo o corpo, a prática e o treinamento melhoram o desempenho. O cérebro, como o corpo, realmente tem a capacidade de melhorar, mas o potencial inexplorado não é de modo algum um espaço vazio, à espera de ser preenchido.

A memória, uma das funções importantes do cérebro, é um bom exemplo disso. Não existe uma memória secreta, oculta em seu cérebro. Mas há, isso sim, a capacidade de aprender e de desenvolver novas competências e *expertise*, lendo e praticando. Não se melhora o desempenho descobrindo algum manancial secreto de talento. É trabalhar muito, aprender, treinar e se desenvolver.

Conclusão

Parece que algumas pesquisas preliminares, provavelmente otimistas, estimando que os pesquisadores conhecem apenas 10% do cérebro, foram mal interpretadas, no sentido de que normalmente usamos somente 10% do cérebro. O conceito de um espaço inaproveitado, poderoso e promissor, a ser aproveitado na medida de nossas capacidades e necessidades, é um filão muito explorado pelos psicólogos populares, como fundamento para a promessa de melhorar o desempenho dez vezes. E embora seja um tropo muito explorado em ficção científica, a imagem não passa disso – ficção, não ciência.

Referências

BEYERSTEIN, B. Whence Cometh the Myth that We Only Use Ten Percent of Our Brains? In: SALA, S. D. (Org.). *Mind-Myths*: Exploring Everyday Mysteries of the Mind and Brain. Nova York: John Wiley and Sons, 1999.

Lucy. Direção de Luc Besson. França; Estados Unidos: Ciné+; Universal Studios, 2014.

MITO 13
CRIAR AMBIENTES DE TRABALHO SUSTENTÁVEIS É ONEROSO

As empresas serão sábias ao desenvolver e implementar políticas e práticas que lhes assegurem bom desempenho ambiental, superior ao dos concorrentes ultrapassados, que ignoram a mudança climática e não adotam iniciativas de preservação e sustentabilidade.

Introdução

A regulação, as iniciativas e os esforços ambientais para tornar as empresas mais sustentáveis são vistas como custos e encargos pela maioria das empresas. A mudança climática é realidade que não mais se questiona na comunidade científica (IPCC, 2014) e os debates em torno de seus efeitos potenciais são mais políticos do que científicos (Funk; Kennedy, 2016).

A Organização para a Cooperação e Desenvolvimento Econômico (OCDE), entidade internacional altamente respeitada, de altos estudos e de formulação de políticas, afirma que a regulação ambiental exerce efeito direto sobre a economia e que, "provavelmente, seu impacto vai além dos setores diretamente afetados, prejudicando o crescimento da produtividade, como já se viu em outras regulações de mercados de produtos" (Kozluk, 2014). A história, porém, não é assim tão simples, e mesmo uma organização que com tanta frequência prioriza os mercados livres e o crescimento econômico vai mais adiante e afirma que "os encargos das políticas ambientais não decorrem das suas restrições, sugerindo que metas ambientais ambiciosas podem ser perseguidas de maneira mais ou menos compatível com a competitividade" (Kozluk, 2014). Em outras palavras, os locais de trabalho sustentáveis e as regulações ambientais podem ser, mas nem sempre são, problemas para as empresas.

A questão, qualquer que seja a ideologia, é: será que as políticas e as legislações sobre sustentabilidade são boas ou más para os negócios?

Efeitos sobre as pessoas e sobre a lucratividade

Deixemos de lado as discussões sobre recuo dos glaciares, elevação do nível do mar, acidificação dos oceanos e eventos de catástrofes climáticas. Qual é o efeito potencial da mudança climática global sobre o meio ambiente? Delmas e Pekovic (2012) descobriram que os empregados de empresas que adotam, por iniciativa própria, políticas ambientais sustentáveis são, em média, 16% mais produtivos. Os autores disseram-se surpresos com a intensidade das diferenças e de quanto as organizações focadas no meio ambiente eram mais produtivas (Hewitt, 2012).

É claro que a adoção de práticas ambientais favoráveis ao meio ambiente raramente ocorre de maneira isolada. Essas práticas são quase sempre parte de um "círculo vicioso" que, geralmente, resulta de iniciativas de educação e treinamento que levam os empregados a implementar políticas de sustentabilidade ambiental, as quais, por seu turno, compõem iniciativas mais amplas para tornar o ambiente de trabalho menos hostil para os trabalhadores, além de reduzir os impactos ambientais negativos da empresa.

A adoção de melhores políticas de RH, além de normas de trabalho mais verdes, ajuda a atrair pessoas que consideram o local de trabalho, assim como o meio ambiente mais amplo, contexto importante a ser preservado e melhorado (Zokaei, 2013; Dumont; Shen; Deng, 2016). Naturalmente, se uma empresa é vista como líder de mercado em termos de iniciativas ambientais éticas e eficazes, melhores são as suas condições de atrair os trabalhadores mais capazes, mais brilhantes e mais motivados a fazer o bem e a trabalhar bem no ambiente de trabalho (Dumont; Shen; Deng, 2016).

Pesquisa publicada na *Harvard Business Review* (Haanaes et al, 2013) envolveu mais de cem empresas em todo o mundo, com valor de mercado entre US$ 25 milhões e US$ 5 bilhões, e descobriu que as empresas que adotavam práticas ambientais sustentáveis melhoravam a produtividade, reduziam os custos e aumentavam o lucro. Um bom exemplo é a Dupont (Zokaei, 2013), empresa com receita anual superior a US$ 25 bilhões. Em 2000, eles decidiram reduzir as emissões de CO^2 em 65%, até 2010. Em apenas sete anos, a política lhes proporcionou economia anual de US$ 2,2 bilhões, via aumento da eficiência energética. É óbvio que a mudança de políticas exige trabalho e dedicação, mas os efeitos não são bons apenas para o meio ambiente; também são bons para os resultados da empresa.

Este capítulo não vai entrar numa discussão moralista detalhada sobre por que as empresas devem reduzir seu impacto ambiental ou contribuir para a atenuação da mudança climática – argumentos a esse respeito já foram expostos amplamente em outros lugares (ver Worldwatch Institute, 2012, 2016, 2017, por exemplo). É forte o caso de negócios para tornar os ambientes de trabalho mais sustentáveis do ponto de vista ambiental.

A mudança da política ambiental numa empresa exige tempo, esforço e investimento – como qualquer outra mudança de política, seja ela de RH, jurídica ou ética. Mas vale a pena tomar essa iniciativa para reduzir custos e melhorar a produtividade e a lucratividade. Ao contrário de alguns arautos da sustentabilidade ambiental, não estamos propondo economias de planejamento e controle centralizados. Nem todas as empresas podem ser obrigadas a se situar na fronteira da tecnologia para tornar locais de trabalho mais sustentáveis. As organizações que efetivamente adotam as políticas ambientais mais inovadoras têm a oportunidade de ser mais produtivas e competitivas. Mesmo algumas empresas que em alguns momentos já foram retardatárias hoje estão defendendo políticas e práticas de negócios mais sustentáveis. Enquanto empresas inovadoras como Google, Microsoft, Facebook, Apple e Amazon são preconizadoras tradicionais de políticas mais sustentáveis, outras adeptas recentes são as mais surpreendentes. Até empresas de energia como Exxon e Shell, além de gigantes do carvão, como Peabody Energy e Murray Energy, estão adotando e defendendo políticas sustentáveis (Victor, 2017). As empresas serão sábias ao desenvolver e implementar políticas e práticas que lhes assegurem bom desempenho ambiental, superior ao dos concorrentes ultrapassados, que ignoram a mudança climática e não adotam iniciativas de preservação e sustentabilidade.

> **ESTUDO DE CASO –** *JACKSON FAMILY WINES*
>
> Escritórios com refrigeração e aquecimento, máquinas de cappuccino, instalações para ginástica e cantinas parecem resguardados da mudança climática. No entanto, todas as empresas e escritórios terão de se adaptar às suas circunstâncias específicas, com base em suas condições e oportunidades singulares. Um exemplo instigante e sem igual de como tornar sustentáveis um negócio e um ambiente de trabalho é o do setor de vinhos da Califórnia (Gelles, 2017). Essa indústria defronta-se diretamente com o dilema de se render à mudança climática, por um lado, ou desenvolver iniciativas duradouras para, ao mesmo tempo, conter as suas causas e se ajustar aos seus efeitos, por outro lado.
>
> Recorremos a esse exemplo porque ele enfatiza a situação particular de um setor de atividade e analisa como ele está se adaptando à mudança climática e implementando políticas sustentáveis. Isso não significa dizer que as iniciativas de sustentabilidade desse exemplo são aplicáveis a todas as situações, mas todas as empresas devem ser inovadoras e adaptáveis no contexto de sua situação específica. Não existe checklist com dez marcadores para blindar toda e qualquer empresa contra o futuro. O mais importante é cultivar a mentalidade de inovação e abertura para promover a sustentabilidade no ambiente de trabalho, desenvolvendo soluções que se apliquem às condições específicas do contexto, do impacto ambiental, de suas vulnerabilidades e de suas oportunidades singulares.
>
> O problema para a indústria vinícola da Califórnia é que, em consequência das temperaturas mais elevadas, os vinhedos estão amadurecendo mais cedo do que de costume e sofrendo ataques de novas pestes que migram para a região. As noites estão mais quentes e a água está ficando cada vez mais escassa. Um vinhedo como local de trabalho não é um ambiente de escritório, grande parte do trabalho é externo, as atividades físicas são contínuas e intensas, e os trabalhadores estão expostos às intempéries e aos efeitos da mudança climática.

A Jackson Family Wines (Gelles, 2017) concebeu algumas maneiras inovadoras e até charmosas para tornar o ambiente de trabalho menos hostil e mais amigável. Por exemplo, para enfrentar as novas pestes que são atraídas pelos invernos mais quentes sem agredir o meio ambiente, eles trouxeram 68 espécimes de coruja-das-torres para cuidar dos pequenos mamíferos que estão infestando os vinhedos e contrataram um falcoeiro para soltar todos os dias, no vinhedo, um falcão capaz de assustar as pequenas aves e corvos que comem as frutas das vinhas. Trabalhar com aves predadoras evita o impacto ambiental provocado pelos pesticidas e agrotóxicos. E as corujas-das-torres não recebem salário-mínimo, não têm direito a auxílio-maternidade, nem reivindicam contribuições para os planos de aposentadoria. Os falcões, por seu turno, são aves solitárias, que não se organizam em sindicatos, nem participam de acordos coletivos de trabalho.

O ponto importante a extrair deste estudo é que não existem soluções prontas, rápidas e simples para ser inovador. Não basta imprimir menos documentos e apagar a luz em ambientes vazios. É importante e necessário procurar soluções inovadoras específicas e exclusivas para o negócio e suas interações com o meio ambiente. Obviamente, não é fácil, e nem todo ambiente de trabalho se beneficiará com bandos de gaviões ou corujas, mas este estudo de caso mostra como é possível ser mais amigável ao ambiente, adaptar-se à mudança climática e desenvolver ideias que tornem o negócio mais viável, eficaz e lucrativo no longo prazo.

Conclusão

As transformações do meio ambiente e a mudança climática são ameaças crescentes aos negócios de todos os tipos, e os desastres climáticos tendem a se tornar cada vez mais frequentes e intensos. É possível, no entanto, encarar como oportunidades os desafios da mudança climática, não só como ameaças. As empresas que adotam políticas e práticas amigáveis ao meio ambiente já demonstraram com clareza que essa abordagem pode reduzir custos e aumentar a produtividade e a lucratividade. A sustentabilidade deve ser encarada como desafio e oportunidade, não como encargo a ser evitado ou minorado. Como qualquer nova onda de tecnologia e inovação, as empresas capazes de se adaptar e de se aprimorar florescerão com mais pujança. Como o sapo da fábula, que morre na panela com água em lento aquecimento sem perceber o risco de fervura iminente, as empresas que ignoram as mudanças no meio ambiente e não se adaptam às mudanças no contexto de negócios acabarão sucumbindo ao encargo insuportável da falta de competitividade.

Referências e leituras complementares

DELMAS, M. A.; PEKOVIC, S. Environmental Standards and Labor Productivity: Understanding the Mechanisms That Sustain Sustainability. *Journal of Organizational Behavior*, v. 34, n. 2, p. 230–52, 2012.

DUMONT, J.; SHEN, J.; DENG, X. Effects of Green HRM Practices on Employee Workplace Green Behaviour: The Role of Psychological Green Climate. *Human Resource Management*, 10 jun. 2016. Disponível em: <https://onlinelibrary.wiley.com/doi/abs/10.1002/hrm.21792>.

FUNK, C.; KENNEDY, B. The Politics of Climate. *Pew Research Centre*, 2016. Disponível em <http://www.pewinternet.org/2016/10/04/the-politics-of-climate/>.

GELLES, D. Falcons, Drones, Data: A Winery Battles Climate Change. *New York Times*, 5 jan. 2017. Disponível em: <https://www.nytimes.com/2017/01/05/business/california-wine-climate-change.html>.

HAANAES, K. *et al*. Making Sustainability Profitable. *Harvard Business Review*, mar. 2013.

HEWITT, A. Employees at "Green" Companies Are Significantly More Productive, Study Finds. *UCLA Newsroom*, 2012. Disponível em: <http://newsroom.ucla.edu/releases/study-certified-green-companies-238203>.

INTERGOVERNMENTAL PANEL ON CLIMATE CHANGE – IPCC. Climate Change 2014 Synthesis Report Summary for Policymakers. *IPCC*, 2014. Disponível em: <https://www.ipcc.ch/report/ar5/syr>.

KITCHING, J. A Burden on Business? Reviewing the Evidence Base on Regulation and Small Business Performance. *Environment and Planning C: Government and planning*, v. 26, n. 6, p. 799–814, 2006.

KOZLUK, T. *The Indicators of The Economic Burdens of Environmental Policy Design* – Results from the OECD Questionnaire. OECD Working Papers nº 1178. Paris: Organização para a Cooperação e Desenvolvimento Econômico, 2014.

VICTOR, D. "Climate Change Is Real": Many US Companies Lament Paris Accord Exit. *New York Times*, 1 jun. 2017. Disponível em: <https://www.nytimes.com/2017/06/01/business/climate-change-tesla-corporations-paris-accord.html>.

WORLDWATCH INSTITUTE. *Moving Toward Sustainable Prosperity*: State of the World 2012. Londres: Island Press, 2012.

WORLDWATCH INSTITUTE. *Can a City Be Sustainable?* State of the World 2016. Londres: Island Press, 2016.

WORLDWATCH INSTITUTE. *EarthEd: Rethinking Education on a Changing Planet:* State of the World 2017. Londres: Island Press, 2017.

ZOKAEI, K. Environmentally Friendly Business Is Profitable Business. *The Guardian*, 14 out. 2013. Disponível em: <https://www.theguardian.com/sustainablebusiness/environmentally-friendly-sustainable-business-profitable>.

MITO 14

A MELHOR MANEIRA DE MOTIVAR AS PESSOAS É PAGAR-LHES MAIS

O dinheiro é mais eficaz como ferramenta para atrair e reter talentos, mas, no ambiente de trabalho, os trabalhadores precisam ser motivados por muito mais do que apenas o contracheque.

Introdução

As pessoas trabalham por dinheiro, e o dinheiro é componente fundamental de quase todo trabalho. Não importa que o trabalhador seja mensalista ou horista, que seja remunerado por comissão ou desempenho, todos os trabalhos têm uma recompensa em comum: dinheiro. Muito depende da motivação intrínseca, da necessidade de autonomia e independência, e de todas as outras razões que levam as pessoas a trabalhar e a gostar do trabalho. No entanto, é impossível subestimar o fato de que as pessoas trabalham por dinheiro.

Mas será que o dinheiro realmente motiva as pessoas? Será que o dinheiro é fator de motivação para alguns trabalhadores e não para outros? Até que ponto o dinheiro realmente afeta a motivação ou o desempenho no trabalho? Há quem argumente que o dinheiro não é o melhor motivador, como os autores do artigo da *Forbes*, com o título conciso "O dinheiro não é o melhor motivador" (KATZENBACH; KAHN, 2010).

O dinheiro, porém, realmente exerce algum efeito no ambiente de trabalho. Os incentivos financeiros são importantes para atrair e reter os melhores talentos, mas não tão eficaz para motivar as pessoas que já foram conquistadas. O principal ponto a ter em mente é que o dinheiro é importante, mas, no dia a dia, não é o fator de motivação mais importante. As pessoas precisam de autonomia e de independência para se sentirem motivadas no trabalho. Muita gente trabalha pelo respeito dos pares e colegas; outras, pelo bem comum, bem maior ou sumo bem. O dinheiro não substitui nada disso; mas, por certo, é no mínimo condição necessária, talvez não suficiente; ou ponto de partida, ou talvez complemento.

Estudos indicam que existe alguma correlação entre remuneração e satisfação no trabalho, embora moderada, na melhor das hipóteses. Uma análise abrangente de Judge e colegas (2010) indica 15% de imbricação ou sobreposição entre remuneração e satisfação. Em outras palavras, a remuneração exerce um efeito limitado sobre a satisfação, e grande parte da satisfação deve ser explicada por outros fatores.

A psicologia básica do dinheiro diria que o comportamento pode ser influenciado pelas recompensas financeiras ou outras. A remuneração pode afetar o comportamento com mais facilidade do que as emoções; portanto, a pessoa pode ser incentivada a completar uma tarefa, a trabalhar mais horas ou a ser mais rápido no trabalho, mas isso nem sempre significa que gostam do trabalho ou que estão satisfeitas.

Razões por que o dinheiro motiva (ou não motiva)

O dinheiro pode ser um motivador poderoso, mas as pesquisas e as evidências mostram reiteradamente que o dinheiro contribui para a felicidade até certo ponto. O dinheiro é mais eficaz em evitar a infelicidade (resolver problemas, superar dificuldades) do que em efetivamente tornar as pessoas mais motivadas no trabalho. A infelicidade muitas vezes se associa à pobreza porque é ampla a variedade de problemas do dia a dia que podem ser resolvidos com um pouco de dinheiro. Quando o computador quebra ou as despesas de viagem são mais altas do que o previsto, quando as despesas mensais aumentam ou quando surge um pagamento imprevisto, o estresse aumenta e extravasa para a vida pessoal e para o ambiente de trabalho. Um pouco de dinheiro pode resolver facilmente esses problemas; além de aliviar a tensão do dia a dia, porém, o dinheiro pouco contribui para efetivamente levar as pessoas a se sentirem mais satisfeitas no trabalho.

Além dos níveis de renda médios, o dinheiro não contribui muito para tornar as pessoas mais felizes, e quatro são as razões para isso:

1. **Adaptação.** Qualquer coisa inesperada, como encontrar dinheiro no bolso, receber bônus na empresa ou ganhar na loteria pode ser fonte temporária de satisfação, ânimo ou entusiasmo. Uma bolada que caiu do céu por certo provoca um surto de empolgação como um jorro de adrenalina. A euforia fugaz, porém, não se confunde com a motivação intrínseca de estar engajado no trabalho e ser reconhecido pelo desempenho. O fato é que a pessoa logo se acostuma com qualquer quantia inesperada, US$ 10 ou US$ 10.000.000. A bolada imprevista talvez até mude os hábitos de consumo e de poupança, a atitude perante o dinheiro no trabalho, e até o estilo de vida, mas, no longo prazo, o indivíduo não se sentirá mais feliz, nem mais motivado. É extremamente fácil adaptar-se a qualquer mudança repentina de fortuna, e o novo nível de riqueza logo se torna normal, e seu impacto sobre a felicidade e a motivação em breve desaparece.

2. **Comparação.** Quão rico é o rico? A resposta surpreendente é que quase ninguém se julga realmente rico. Rico é quem tem mais dinheiro do que você. Os milionários acham que os bilionários são ricos. Os bilionários acham que os dez mais ricos da lista da *Forbes* são ricos, até chegar às três empresas com maior valor de mercado. Por mais rico que você seja, sempre haverá alguém mais rico que você. O aceno de "enriquecer" os empregados seria um engodo ilusório e elusivo de qualquer empregador. Em geral, quanto mais dinheiro a pessoa tem, mais consciência ela tem de outras pessoas que são mais ricas, mais poderosas e mais influentes. A riqueza é um trunfo comparativo que raramente se mantém no topo por muito tempo. Os trabalhadores com as mais altas remunerações raramente se sentem mais ou menos motivados

só pelo dinheiro em si, sobretudo quando os colegas têm salários semelhantes.

3. **Alternativas.** A capacidade do dinheiro em relação ao que comprar e a quanto comprar é limitada. À medida que a pessoa acumula mais dinheiro e passa mais tempo acumulando dinheiro, parece que surgem mais coisas que o dinheiro não pode comprar. Férias mais prolongadas, relações mais estreitas com amigos e colegas, tempo de lazer e ócio, ou despreocupação com a fortuna e com o trabalho são luxos que se tornam cada vez mais escassos com o aumento da riqueza pessoal. Frequentemente o dinheiro parece cada vez menos valioso, na medida em que não consegue comprar os intangíveis que se tornam mais escassos e mais valiosos na vida.

4. **Preocupação.** O aumento da riqueza aumenta a responsabilidade. O dinheiro é capaz de resolver muitos problemas, mas não todos os problemas. E a acumulação de riqueza geralmente acarreta exacerbação da ansiedade com a gestão do patrimônio e com a aplicação da fortuna. O aumento da remuneração no trabalho agrava o estresse com a preservação do poder e do *status*, assim como com o valor e a hierarquia do bônus anual. Paradoxalmente, como o dinheiro pode resolver muitos problemas, mas nem todos, a riqueza não raro desloca a atenção para os problemas que o dinheiro é incapaz de resolver, como conflitos interpessoais, litígios de família, questões de saúde, capazes de gerar a sensação de desalento e desamparo, exatamente por serem esses os problemas que agora parecem mais importantes.

A fábula da remuneração por desempenho

Fleischer (2015) descreve a remuneração por desempenho como algo semelhante a um princípio religioso na cultura americana e, portanto, na cultura ocidental. Trabalhe muito, desempenhe bem e alcance resultados, e você será recompensado pelo esforço, pela capacidade e pelo empenho no trabalho.

O sistema de remuneração por desempenho significa que o dinheiro é vinculado a fatores específicos do desempenho e dos resultados.

O número de itens produzidos, o volume e o valor das vendas, os resultados de um departamento ou de toda a empresa são os critérios que definem o nível da remuneração. Em geral, esses sistemas se caracterizam pela competição implícita quando determinada quantia é paga aos *top performers*.

O lado negativo dos sistemas de remuneração por desempenho é a tendência de encorajar a ênfase no curto prazo. Remunerar os trabalhadores pelo desempenho recente significa recompensá-los pelos resultados no mês ou no trimestre, o que pode levá-los a focar nos resultados imediatos em detrimento dos objetivos duradouros.

Essa propensão tem raízes na fábula narrada por Fleischer (2015) de líderes e trabalhadores cujo foco mais amplo converge para o bem da empresa. Ele se refere à lealdade duradoura das pessoas cuja segurança no trabalho, o engajamento pessoal e a imagem de si mesmas se vinculam à empresa em que trabalham e que os remunera. Os líderes recompensam com base no desempenho no curto prazo e presumem que outros fatores de motivação mantêm os interesses e as lealdades associadas à visão da empresa. Essa mentalidade, porém, pode exacerbar a competição no ambiente de trabalho, deslocando o foco dos trabalhadores para receber mais dinheiro que os colegas, em vez de se concentrar na melhoria do desempenho.

A remuneração por desempenho predomina no ambiente de trabalho moderno, mas essa dominância em si nem sempre é suficiente para assumir que a remuneração seja a única recompensa pelo desempenho, e que o resto cuidará de si próprio. É preciso lembrar-se de que a remuneração por desempenho apenas recompensa e encoraja exatamente o comportamento a que se vincula. A remuneração não é suficiente para motivar o comportamento duradouro, ético e construtivo no trabalho.

O que o dinheiro não pode comprar

Como já mencionamos, o dinheiro não é capaz de tornar as pessoas mais felizes além dos níveis de renda médios. O valor do dinheiro é um pouco estranho, porque vivemos em um mundo em que as pessoas tendem a superestimar o valor da riqueza excessiva. As pessoas que acumulam grandes fortunas logo descobrem que muitos de seus problemas, insatisfações e preocupações não se resolvem com o dinheiro.

Para compreender esse fato, considere uma pesquisa conduzida entre indivíduos com patrimônio líquido de US$ 25 milhões ou mais (JUDGE *et al*, 2010). Como parte da pesquisa, perguntou-se a essas pessoas sobre suas aspirações para si mesmas, para os filhos e para o mundo. As aspirações mais comuns desses indivíduos ricos na verdade não tinham nada a ver com dinheiro: a principal era ser bons pais e mães. Eles afirmaram que a riqueza os ajudava de alguma maneira, mas também era fonte de preocupação. Receavam que o acesso fácil e precoce à riqueza desmotivaria os filhos e afetaria negativamente a maneira como se tornariam independentes. Muito poucos disseram que sua aspiração para os filhos era que também se tornassem ricos. Essas constatações também se aplicam ao ambiente de trabalho. O dinheiro pode resolver ou mitigar alguns problemas, mas não pode solucionar todos os problemas, nem ser a única força motivadora.

Embora níveis de renda mais altos ofereçam maior profusão de escolhas e oportunidades, a variedade mais ampla de opções não decorre necessariamente de maior *expertise* ou *insight* sobre as decisões certas. Em geral, daí decorrem mais pressões de tempo sobre o indivíduo, pressionando-o em como usar melhor esses recursos e em como distribuir o mais precioso dos recursos, que é o tempo.

Não importa quanto dinheiro tenha a pessoa, sempre haverá coisas que ela não poderá comprar, e a mais notável e preciosa dessas coisas é o tempo.

Conclusão

O dinheiro tem pouca capacidade de motivar as pessoas e de torná-las mais felizes, além de certos níveis de renda e riqueza. O dinheiro é mais eficaz como ferramenta para atrair e reter talentos, mas, no ambiente de trabalho, os trabalhadores precisam ser motivados por muito mais do que apenas o contracheque. Este deve ser complementado pelos motivadores intrínsecos que impulsionam as pessoas a trabalhar com mais eficácia, em consequência do desfrute e do engajamento no trabalho. Fatores de motivação como autonomia, independência e inovação impulsionam as pessoas a serem mais produtivas e as levam a se sentir mais satisfeitas no trabalho.

Referências

FLEISCHER, V. The Executive Paycheck Myth. *New York Times*, 4 nov. 2015. Disponível em: <https://www.nytimes.com/2015/11/05/business/dealbook/the-executive-paycheck-myth.html>.

JUDGE, T. A. *et al*. The Relationship Between Pay and Job Satisfaction: A Meta-analysis of the Literature. *Journal of Vocational Behavior*, v. 77, p. 157–67, 2010.

KATZENBACH, J. R.; KHAN, Z. Money Is Not the Best Motivator. *Forbes*, 6 abr. 2010. Disponível em: <https://www.forbes.com/2010/04/06/money-motivation-payleadership-managing-employees.html>.

MITO 15
OS TRABALHADORES QUE TRABALHAM MAIS HORAS SÃO OS MAIS VALIOSOS

*Viciados em trabalho, engajados e produtivos
são a exceção – não a regra.*

Introdução

Será que os melhores trabalhadores são os que fazem mais horas extras? Ou será que os trabalhadores devem se limitar a trabalhar de 30 a 35 horas por semana, para ficarem bem descansados e saudáveis e evitarem sobrecarga e *burnout* (esgotamento)?

Embora a maioria dos países esteja adotando o conceito do século XXI, de 30 a 40 horas de trabalho por semana, a duração do trabalho é muito variável entre as empresas e os trabalhadores. Nos países desenvolvidos, os sul-coreanos são os que trabalham mais horas – 2.124 horas por ano (média de 41 horas por semana) –, enquanto os alemães trabalham cerca de 26 horas por semana (1.336 horas por ano). Os Estados Unidos (32 horas por semana), Canadá (33 horas por semana) e o Reino Unido (34 horas por semana) ficam mais ou menos no meio da distribuição (OCDE, 2016).

É claro que a história da duração do trabalho mostra que as pessoas em muitos países trabalham menos horas do que seus pais, antes delas, e menos ainda do que seus avós. Isso, porém, não se aplica a todos os países. No entanto, em 1870, os trabalhadores ingleses trabalhavam cerca de 53 horas por semana, e os alemães, 62 horas por semana. Por volta de 1950, os trabalhadores ingleses trabalhavam 41 horas por semana, e os alemães, 46 horas (LEE; McCANN; MESSENGER, 2007).

Essas horas são uma aproximação grosseira da duração do trabalho semanal, que não considera fatores como produtividade, sindicatos, legislação trabalhista, mecanização ou tipo de trabalho, exatamente a razão pela qual é uma boa introdução ao mito: *os trabalhadores que trabalham mais horas são mais valiosos?*

A resposta, evidentemente, depende do que os trabalhadores fazem durante essas horas. Para alguns, o trabalho é uma sucessão monótona de horas, dias, semanas e décadas. Um prelúdio enfadonho e pavoroso da aposentadoria. Outros, que extraem do trabalho realização e significado, associam-se à ideia de Noël Coward de que "a única maneira de usufruir a vida é trabalhar. O trabalho é mais divertido do que a diversão". É claro que isso depende muito do que o trabalho propicia. Evidentemente, Noël Coward teria sentimentos diferentes em relação ao trabalho se trabalhasse como mineiro ou como caçador de ratos.

Para algumas empresas e organizações, a cultura do presenteísmo é o padrão – quanto mais tempo os trabalhadores passam no trabalho, mais valiosos eles são considerados. Vejamos um exemplo de como isso pode dar errado.

ESTUDO DE CASO – *A CULTURA DO PRESENTEÍSMO*

Conversamos com um empregado de uma grande empresa de serviços financeiros de Londres, que pediu para ficar anônimo. Ele é um jovem trabalhador de 20 e poucos anos, cujo cargo na empresa exige formação universitária. O salário dele é muito superior à média do Reino Unido, de £ 26.500, e a remuneração total dele é ainda bem mais alta, depois dos bônus e benefícios.

A cultura da empresa exige que os empregados trabalhem "muito" – e equipara "trabalhar muito" a jornadas longas. Doze horas por dia, cinco ou seis dias por semana são o padrão da cultura organizacional. É um ambiente extremamente competitivo, em que os dias de trabalho se transformam em maratonas de presenteísmo. Jornadas longas são a norma, e todos no escritório tentam ficar mais tempo no trabalho do que os colegas.

Os benefícios e bônus da empresa reconhecem, estimulam e incentivam os empregados a ficar até tarde na empresa. Os empregados que ainda estão no escritório depois das 18 horas são recompensados com jantar pago pela empresa, entregue diretamente no local de trabalho. Os empregados que saem do escritório depois das 20 horas são reembolsados do custo do táxi de volta para casa. Não raro, garrafas de cerveja, de vinho ou de bebidas ainda mais fortes aparecem sobre as mesas de trabalho, ao lado das refeições recebidas no escritório, durante essas horas extras.

É claro que os incentivos estimulam esse comportamento, mas pouco contribuem para melhorar o desempenho. O empregado com quem conversamos disse que raramente trabalha mais que cinco ou seis horas por dia. Embora a maioria das pessoas passe de 60 a 80 horas por semana no escritório, não mais do que a metade são horas produtivas.

Em geral, muita gente já chega ao escritório de manhã exausta e de ressaca, e leva uma ou duas horas para engrenar, verificando os e-mails, visitando as mídias sociais e olhando as notícias. Seguem-se umas poucas horas de trabalho, e depois o almoço. De volta ao escritório, um rápido surto de labuta, até o fim da tarde. Por volta das 16 horas, basta esperar duas horas para filar o jantar. Depois de uma longa refeição na mesa de trabalho e de conversas prolongadas sobre os projetos em andamento e as fofocas do dia, não é preciso esperar muito para uma carona de táxi até em casa. Quando esse tipo de cultura se converte em padrão, é por causa do *contágio social*. Todos se comportam da mesma maneira, e tudo parece muito normal.

Recompensar com generosidade as jornadas longas e promover um ambiente em que as horas extras são consideradas obrigatórias logo degenera em cultura do presenteísmo, que pouco contribui para aumentar a produtividade e negligencia o fato de que a simples presença no escritório não significa que alguém esteja produzindo.

Quando as jornadas longas funcionam (e quando não funcionam)

A eficácia de jornadas mais longas ou menos longas depende, evidentemente, da natureza do trabalho. O modelo demandas-recursos do trabalho explica de maneira relativamente simples o processo (BAKKER; DEMEROUTI, 2007). É uma matriz clássica dividida em quadrantes que explica o trabalho ao longo de dois eixos ou contínuos, cada um com duas dimensões. A produtividade do trabalho depende da interação desses contínuos e dimensões: os contínuos são os recursos do trabalho, ou benefícios e suportes, psicológicos e materiais, altos ou baixos, oferecidos pelo trabalho; e as demandas do trabalho, ou requisitos e encargos, altos ou baixos, impostos pelo trabalho.

O Quadro 15.1 abaixo mostra as interações dos contínuos e dimensões em cada quadrante. O principal ponto é que as pessoas se sentem mais engajadas e satisfeitas quando o trabalho é desafiador, mas é compatível com suas capacidades e elas recebem recursos suficientes para executá-lo. Isso significa que as jornadas longas talvez sejam necessárias, mas os recursos e suportes efetivamente limitam o tempo que a pessoa pode trabalhar, sem sucumbir à exaustão e ao *burnout*. No sentido oposto, o trabalho simples, sem desafios e sem suporte, pode ser o tipo mais enfadonho e alienante.

Quadro 15.1: Matriz Recursos do Trabalho *versus* Demandas do Trabalho

		RECURSOS DO TRABALHO	
		ALTO	BAIXO
DEMANDAS DO TRABALHO	ALTO	O trabalho é desafiante, vibrante e gratificante. Pense no empreendedor, no inventor ou no líder bem-sucedido.	O trabalho é exigente e inviável ou extremamente estressante. Pense no vendedor que se desdobra para vender um produto horrível ou no servidor público que se empenha em melhorar os serviços com verbas menores.
	BAIXO	O trabalho é fácil, mas enfadonho e frustrante. Pense no estudante brilhante que durante as férias faz um estágio monótono e rotineiro.	O trabalho é simples, mas absolutamente frustrante. Pense em George Orwell redigindo descrições de produtos para crianças.

As demandas do trabalho são tudo o que o trabalho requer do trabalhador. Podem ser tensões físicas ou psicológicas, exigências sociais, e competências, conhecimentos e experiências indispensáveis para o exercício da função. Os recursos do trabalho são os benefícios e suportes que o trabalho oferece ao trabalhador. Podem ser realização pessoal, desenvolvimento da carreira, entusiasmo, prazer, interações positivas com outras pessoas e quaisquer outras vantagens.

Os melhores trabalhos, nos quais as jornadas longas podem ser produtivas e prazerosas, são os desafiantes e desgastantes, mas o trabalhador tem capacidade e recursos para executá-los bem. Podem usar seus talentos e distender suas capacidades dentro de limites razáveis. Os piores trabalhos são geralmente aqueles que não são desafiantes, que não oferecem recursos ao trabalhador e que não exploram seus talentos.

A fadiga prejudica a produtividade tanto quanto a intoxicação

Todas as pessoas tendem a experimentar fadiga no trabalho, de uma maneira ou de outra, por um ou outro motivo. Talvez um fim de semana prazeroso, em que sacrificou o sono a bem da diversão. Ou quem sabe a dificuldade de adormecer e passar a noite insone. Ou ainda vizinhos barulhentos ou um parceiro com apneia como companheiro de quarto. Muitas são as razões de as pessoas ficarem fatigadas fora do trabalho, mas, em geral, o trabalho pode ser causa de fadiga.

A labuta, a tensão e o estresse são razões muito comuns para as pessoas perderem o sono, e problemas no trabalho também são causas de insônia tão ou mais frequentes. Talvez as jornadas no escritório sejam muito longas, ou quem sabe elas deixem o telefone ao lado da cama, à noite, que toca ou vibra a qualquer hora. Prazos prestes a vencer, avaliações do desempenho, conflitos com colegas e situações de insegurança e incerteza no trabalho podem ser fontes de tensão, estresse e insônia.

O cansaço no trabalho não se manifesta apenas como sonolência; estudos recentes mostram que a exaustão é efetivamente prejudicial para o desempenho, de muitas maneiras diferentes. Pesquisas sobre fadiga e condução de veículos descobriram que a sonolência ao volante é tão perigosa quanto a embriaguez (ALLEYNE, 2011). No entanto, é difícil medir com exatidão o cansaço tanto quanto a embriaguez. Os efeitos, porém, são claros. As pessoas cansadas, seja na condução de veículos, seja no local de trabalho, perdem a capacidade de desempenho (WILLIAMSON; FEYER, 2000).

Embora os níveis de sono e fadiga sejam difíceis de medir, algumas organizações já se deram conta de como o descanso é importante. As consequências de cometer erros devido à fadiga podem ser menos graves em algumas organizações e mais graves em outras. O Exército dos Estados Unidos investiu US$ 18 milhões ao longo de 12 anos para desenvolver um modelo e medir a fadiga no local de trabalho (CLAY, 2013).

A fadiga dos trabalhadores é consideração essencial no local de trabalho. Em certas empresas, épocas e tipos de trabalho, talvez seja preciso trabalhar em jornadas mais longas. Períodos do ano, demandas dos clientes, crises no local de trabalho ou circunstâncias inesperadas podem exigir que os trabalhadores prolonguem as horas de trabalho durante certo tempo. Esse aumento da jornada talvez seja inevitável. Não se deve encorajar os trabalhadores, porém, a alongar a jornada, se não for absolutamente indispensável – é mais provável o comprometimento do desempenho do que o aumento da produtividade.

O que se recebe do trabalho

O crítico de arte vitoriana e pensador social John Ruskin (1985) era defensor convicto do trabalho, na crença de que o valor do trabalho não era o que a pessoa *recebia* dele, mas o que a pessoa *se tornava* em consequência do trabalho. Essa ideia continua tão relevante agora quanto antes. É claro que, se você estiver se tornando um feixe de nervos rabugento, esgotado e cínico, talvez o que você esteja obtendo do trabalho não seja o ideal.

O excesso de trabalho além da capacidade e das competências individuais e o esforço individual além dos limites dos próprios recursos, geralmente, reduzem a produtividade, aumentam as faltas por doença e deixam um rastro de problemas (MACRAE; FURNHAM, 2017). No entanto, as atribuições distensoras, os desafios e as jornadas longas para os trabalhadores engajados, motivados e capazes podem enriquecer e melhorar a experiência e o desempenho no trabalho.

Conclusão

As jornadas longas por amor às longas jornadas são muito mais do que inúteis; são destrutivas, desmoralizantes, contraproducentes, e ainda por cima dificultam a identificação dos trabalhadores mais produtivos e valiosos. O prolongamento das horas de trabalho nem sempre é bom para todos, mas também não deve ser proibido. Quando o trabalho é prazeroso, engajado e significativo, as jornadas longas tendem a ser produtivas e valiosas, quando necessárias. Mas esses *workaholics*, ou trabalhadores compulsivos, são a exceção, não a regra.

Referências

ALLEYNE, R. Being Tired Behind the Wheel Is as Bad as Being Drunk. *Telegraph*, 11 jan. 2011. Disponível em: <http://www.telegraph.co.uk/motoring/news/8269657/Being-tired-behind-the-wheel-as-bad-as-being-drunk.html>.

BAKKER, A. B.; DEMEROUTI, E. The Job Demands–Resources Model: State of the Art. *Journal of Managerial Psychology*, v. 22, p. 309–28, 2007.

CLAY, K. Didn't Get Enough Sleep? You Might as Well Be Drunk. *Forbes*, 4 set. 2013. Disponível em: <https://www.forbes.com/sites/kellyclay/2013/09/04/didnt-get-enough-sleep-you-might-as-well-be-drunk/#247c7cbc10e2>.

LEE, S.; MCCANN, D.; MESSENGER, J. C. *Working Time Around the World*: Trends in Working Hours, Laws and Policies in a Global Perspective. Nova York: Routledge, 2007.

MacRAE, I.; FURNHAM, A. *Motivation and Performance*: A Guide to Motivating a Diverse Workforce. Londres: Kogan Page, 2017.

ORGANIZAÇÃO PARA A COOPERAÇÃO E DESENVOLVIMENTO ECONÔMICO – OCDE. Hours Worked (Indicator). *OCDE iLibrary*, 2016. Disponível em: <www.oecd-ilibrary.org/employment/hours worked/indicator/english_47be1c78-en>.

RUSKIN, J. *Unto This Last and Other Writings*. Londres: Penguin, 1985. [1860]

WILLIAMSON, A.; FEYER, A. Moderate Sleep Deprivation Produces Impairments in Cognitive and Motor Performance Equivalent to Legally Prescribed Levels of Alcohol Intoxication. *Occupational & Environmental Medicine*, v. 57, n. 10, p. 645–55, 2000.

MITO 16
AS PESSOAS DEVEM SE APOSENTAR AOS 65 ANOS

A aposentadoria aos 65 anos é obsoleta na economia moderna, porque há muitas opções diferentes para trabalhar até mais tarde (assim como para começar a trabalhar mais cedo) na vida.

Introdução

A aposentadoria aos 65 anos foi o padrão legal e cultural em muitos países ocidentais durante boa parte do século XX, mas, agora, essa tendência está desaparecendo rapidamente. Nos Estados Unidos, o Social Security Act, de 1935, estabeleceu como lei a aposentadoria aos 65 anos (observe-se que a média da expectativa de vida para os homens americanos naquele ano era de 58 anos). No Reino Unido, a aposentadoria compulsória nunca foi exigência legal, mas se alinhou com a idade mínima de aposentadoria de 65 anos (WUNSCH; RAMAN, 2010). No entanto, a aposentadoria compulsória aos 65 anos tornou-se proibida por lei em 2011.

É importante observar que muitos são os fatores a serem considerados no contexto da idade de aposentadoria, dos quais um dos mais importantes é a longevidade média. Os homens, em Glasgow, vivem em média 73 anos, enquanto os homens em East Dorset podem esperar viver 83 anos (ONS, 2014). A expectativa de vida dos homens em Minnesota é cinco anos mais longa do que no Mississipi, enquanto as mulheres no Havaí vivem sete anos a mais do que as do Mississipi (CDC, 2015). Os trabalhadores em Minnesota e East Dorset têm de 5 a 10 anos a mais de aposentadoria, o que pode ser visto como bênção ou maldição, dependendo de como você encara a vida em Dorset ou Minnesota. Se a idade de aposentadoria é fixada como compulsória aos 65 anos, por que algumas pessoas seriam obrigadas a passar proporção muito maior da vida trabalhando, enquanto outras são expulsas do trabalho quando estão felizes e saudáveis, e querem continuar trabalhando?

O objetivo deste capítulo não é argumentar que as pessoas devem ser obrigadas a trabalhar por mais tempo, e eu jamais diria que 40 e tantos anos de muito trabalho, pagando impostos e contribuindo para a previdência social não são suficientes para desfrutar de uma boa aposentadoria. O argumento, porém, é que se as pessoas estão felizes e saudáveis no trabalho, se elas gostam do trabalho e querem continuar trabalhando, por que um trabalhador qualificado e talentoso seria obrigado a parar de trabalhar, quando não é essa a intenção dele?

Saúde e aposentadoria

As pesquisas sobre saúde e aposentadoria são, na melhor das hipóteses, inconclusivas. Em uma análise abrangente de estudos de longo prazo sobre saúde e aposentadoria, van der Heide e colegas (2013) encontraram algumas evidências de que a saúde mental efetivamente melhora depois da aposentadoria. No entanto, enquanto alguns estudos constataram benefícios da aposentadoria para a saúde mental e física, outras pesquisas indicaram que o oposto era verdadeiro.

Sugeriu-se que o tipo e a natureza da aposentadoria são responsáveis pelos efeitos positivos ou negativos (VAN DER HEIDE et al, 2013). Quando significa deixar para trás trabalhos difíceis e estressantes, a aposentadoria pode ser prazerosa. Quando não está sob o controle do aposentado, a aposentadoria pode ser uma experiência tensa e difícil. Para as pessoas que gostam do trabalho, que encontram significado e realização no que fazem, a aposentadoria pode ser uma experiência negativa.

ESTUDO DE CASO SOBRE SE APOSENTAR (OU NÃO)

Para discutir as opções de se aposentar ou de não se aposentar, conversamos com Nicholas Parsons, ator e comediante, além de anfitrião de *Just a Minute*, da BBC Radio 4, que nasceu em 1923. Ele trabalha há 75 anos e não vê sentido em parar de trabalhar.

Parsons descreve com jovialidade e vivacidade como o trabalho o mantém arguto, interessado e engajado. Num programa humorístico de jogos da Rádio 4, ele avalia os participantes que competem entre si para ser o escolhido como o mais capaz de falar durante um minuto, sem hesitação, repetição ou tergiversação. Não é tarefa fácil acompanhar os participantes como ouvinte, muito menos assumir a responsabilidade de interpretar as regras e avaliar o desempenho dos concorrentes.

Nicholas Parsons diz que nem consegue imaginar a aposentadoria, porque adora o trabalho, e trabalhar é apenas parte da profissão. Ele salienta as dificuldades do trabalho, dizendo: "A minha profissão é a mais frágil e a mais difícil do mundo. Ninguém nunca está seguro nela e nunca sabe ao certo quando trabalhará de novo. 'Você é somente tão bom quanto seu último desempenho' é um mote muito repetido no ofício. Portanto, uma necessidade premente é sempre manter-se em movimento". No entanto, os requisitos com certeza não ficam só nisso, e ele prossegue, dizendo: "Acho que a profissão é maravilhosa – se você tem um bom trabalho, ela é muito gratificante. Se você faz as pessoas rirem, e as entretém, isso é muito recompensador".

Ele claramente ama o trabalho, e quer continuar, porque, como ele diz, o trabalho o mantém arguto e focado. Ele é um pouco cético sobre a aposentadoria quando você faz o trabalho que ama. E assim ele falou sobre a melhor parte do trabalho:

> Você deve se empenhar para fazer alguma coisa que ocupe o seu cérebro e o faça pensar e trabalhar com criatividade. Eu acredito com toda a honestidade que essa é uma das razões de eu ainda me sentir vigoroso na minha idade. Usei meu cérebro com energia e intensidade durante toda a vida. Estou convencido de que isso o mantém ativo e mais jovem do que sua idade cronológica.

Um tanto desdenhoso em relação à aposentadoria, ele diz: "Muita gente que tem bons empregos aposenta-se aos 65 anos, para ficar à toa no jardim ou fazer coisas do gênero – e muitas começam a murchar mal chegam aos 70 ou 80".

Duas são as conclusões a tirar dessa experiência. A primeira é que não são poucas as pessoas que continuam a trabalhar, mesmo com idade mais avançada, e que curtem o fato de se manterem argutas, focadas e ligadas. Se você gosta do trabalho e acha que o esforço que dedica a ele é pelo menos igual aos benefícios que extrai dele, por que, então, se aposentar? As competências, os conhecimentos e a experiência apenas aumentam com a prática, e às vezes um veterano é mais valioso que um calouro.

A segunda é que os trabalhadores e gestores devem comparar as vantagens de se aposentar aos 65 anos com os benefícios de continuar trabalhando e de manter trabalhadores com mais de 65 anos. O argumento é simples e claro: se a pessoa é qualificada, competente e experiente e quer continuar trabalhando, não há razão válida para não ficar com ela. Esse ponto foi salientado em todo o livro. Contrate, promova e mantenha os trabalhadores mais capazes, que são os melhores no cargo. Se alguém é qualificado e competente, e se é quem executa melhor o trabalho, não importa que tenha 18 ou 88 anos – o que importa é a capacidade de exercer a função. Eu seleciono as melhores pessoas, considerando suas competências e seu desempenho.

Casos individuais e contextos específicos

Razões de todos os tipos levam as pessoas a acreditar que a idade de aposentadoria deve ser 65 anos. Desde diretrizes legais anteriores, passando por usos e costumes, até mudanças na expectativa de vida, estabeleceu-se o mito persistente de que por volta dos 50 ou 60 anos os indivíduos começam a querer ou a precisar se aposentar.

Também há as situações específicas. A maioria das pessoas tem colegas cuja aposentadoria não ocorrerá tão cedo. Algumas esperam ansiosamente pela aposentadoria, outras nem pensam em se aposentar. Em alguns casos, as pessoas devem se aposentar aos 65 anos ou mais cedo. Joseph Stalin morreu no escritório aos 74 anos, e, talvez, não teria sido nada ruim se ele houvesse optado pela aposentadoria precoce.

O principal ponto aqui é que a idade de aposentadoria talvez tenha sido uma dádiva para os trabalhadores quando os direitos trabalhistas eram limitados e as pessoas trabalhavam até a morte, com pouco ou nenhum direito a pensões, aposentadorias ou previdência social. Esse não é mais o caso – evidentemente, as pessoas que desfrutam de uma vida de trabalho longa e produtiva devem ter a oportunidade de usufruir a aposentadoria. Ao mesmo tempo, a aposentadoria não é um sonho bucólico para todos. Muitas são as razões de as pessoas curtirem o trabalho e, para muita gente, trabalhar até uma idade mais avançada nem sempre significa trabalhar 40 horas por semana ou num emprego das 9 às 5.

A aposentadoria aos 65 anos é obsoleta na economia moderna porque há muitas opções diferentes para trabalhar até mais tarde (assim como para começar a trabalhar mais cedo) na vida. Há esquemas de trabalho flexível ou de compartilhamento do trabalho. As pessoas podem trabalhar como consultores nas áreas que dominaram durante a vida de trabalho. Também há a possibilidade de atuar em projetos específicos ou de adotar outra forma de trabalho. Por que alguém experiente, talentoso e qualificado, que quer trabalhar e tem disposição para o trabalho, seria obrigado a se aposentar? Além disso, há evidências de que a aposentadoria é boa para a saúde, para o bem-estar e para a felicidade – em especial para indivíduos forçados a se aposentar, quando prefeririam trabalhar.

Conclusão

A aposentadoria compulsória faz sentido quando se destina a proteger os trabalhadores contra a exploração no trabalho. Não faz absolutamente nenhum sentido quando retira do trabalho pessoas qualificadas, inteligentes e talentosas, contra a vontade delas. É simplesmente absurdo para os trabalhadores que contribuem em muito para o empregador e para o ambiente de trabalho serem constrangidos a parar de trabalhar, contra a própria vontade. Também não faz sentido remover do local de trabalho pessoas que querem continuar no local de trabalho.

Essas afirmações são coerentes com o que tem sido dito ao longo de todo este livro. Se a pessoa gosta do trabalho, se é qualificada e está trabalhando bem, não deve haver barreiras para que continue trabalhando, com base em fatores irrelevantes, como idade, gênero, etnia, orientação sexual, ou qualquer outro que não afete o desempenho delas no trabalho.

Referências e leituras complementares

CENTRES FOR DISEASE CONTROL AND PREVENTION – CDC. United States Life Tables, 2011. *National Vital Statistics Reports*, v. 64, n. 11, 2015. Disponível em: <https://www.cdc.gov/nchs/data/nvsr/nvsr64/nvsr64_11.pdf>. Acesso em: 19 jun. 2018.

HALLERÖD, B.; ÖRESTIG, J.; STATTIN, M. Leaving the Labour Market: The Impact of Exit Routes from Employment to Retirement on

Health and Well-being in Old Age. *European Journal of Ageing*, v. 10, n. 1, p. 23–35, 2013.

OFFICE FOR NATIONAL STATISTICS – ONS. Life expectancy at Birth and at Age 65 by Local Areas in the United Kingdom: 2006–08 to 2010–12. *Office for National Statistics,* 2014. Disponível em: <https://www.ons.gov.uk/peoplepopulationandcommunity/birthsdeathsandmarriages/lifeexpectancies/bulletins/lifeexpectancyatbirthandatage65bylocalareasintheunitedkingdom/2014-04-16>.

VAN DER HEIDE, I. *et al.* Is Retirement Good for Your Health? A Systematic Review of Longitudinal Studies. *BMC Public Health*, v. 13, p. 1180, 2013.

WUNSCH, C.; RAMAN, J.V. Mandatory Retirement in the United Kingdom, Canada and the United States of America. *The Age and Employment Network*, 2010. Disponível em: <http://www.taen.org.uk/uploads/resources/Combined_dissertation_final_formatted1.pdf>.

MITO 17
OS PERFECCIONISTAS SÃO OS MELHORES TRABALHADORES

O perfeccionismo pode ser bênção ou maldição.

Introdução

Parece que o perfeccionismo deveria ser algo positivo: um traço admirável. A toda hora vemos o que parece perfeição e perfeccionismo em atletas de sucesso, em pessoas de negócios, em políticos e nas mídias sociais. O mundo on-line presta-se a processos cuidadosos de seleção, Photoshop e manipulação de conteúdo para forjar a imagem perfeita de indivíduos e empresas.

Talvez seja mais difícil, porém, criar uma imagem de perfeição no trabalho, quando os equívocos ou erros diários estão à vista de colegas e chefes. Algumas pessoas têm tendências perfeccionistas, enquanto outras sempre deixam transparecer pequenos enganos e deslizes.

Não seria bom ser perfeito? Talvez, se fosse possível. Que tal ser perfeccionista? Serena Williams, por exemplo, ao se descrever, disse: "Fico realmente zangada e sou perfeccionista". E, é claro, ela é uma das melhores tenistas do mundo, escalando os degraus nos livros de recordes, com 23 títulos Grand Slam (Mirza, 2007).

É fácil admirar os perfeccionistas quando são bem-sucedidos, mas será esse realmente um atributo desejável nos trabalhadores?

Quando é usado e canalizado adequadamente, pode levar a altos padrões, a trabalho impecável e a resultados fantásticos. Mas, quando é mal aplicado, o que ocorre com frequência, pode ser um entrave psicológico, que gera conflitos com outras pessoas, acarreta perdas de prazos e torna os perfeccionistas profundamente infelizes. Assim sendo, será que devemos ver os perfeccionistas como indivíduos competitivos e empreendedores ou, ao contrário, como maníacos com tendências autodestrutivas de autossuperação e infalibilidade?

O perfeccionismo pode ser negativo e positivo. Existe a figura do cricri, o detalhista superexigente, alguém que põe defeito em tudo. Mas também falamos das férias perfeitas, da refeição perfeita, e o grito de entusiasmo "Perfeito!" Será, então, que quem procura a perfeição no lazer, na cozinha ou na fábrica, no estúdio ou no escritório, não é mesmo alguém admirável, que vale a pena ter por perto?

Problemas com o perfeccionismo

Os perfeccionistas priorizam e perseguem a excelência, empenhando-se para alcançar objetivos que são importantes para eles ou para o trabalho. Na maioria dos locais de trabalho, o perfeccionismo é considerado padrão de qualidade a ser alcançado pelos trabalhadores, algo a ser estimulado. A pessoa consciensiosa, que quer fazer tudo bem feito e executar o melhor possível é, decerto, um trabalhador muito valioso. Esses indivíduos não só adotam altos padrões, como também tendem a ser mais ambiciosos e exigentes que os colegas e até que o chefe. Eles geralmente não precisam ser motivados a dar o melhor de si, porque essa é uma condição que impõem a si mesmos. Os perfeccionistas, quando também primam pela capacidade e estabilidade, são capazes de alcançar, e quase sempre alcançam, altos níveis de desempenho e realização. E, então, qual é o problema?

Lembre-se que uma das principais condições do desempenho ótimo é a estabilidade. O perfeccionismo tem um lado escuro distinto e notório. No pior dos casos, os perfeccionistas acham que devem ser perfeitos: sem hesitações, sem desvios e sem inconsistências. Eles se tornam hipersensíveis a quaisquer imperfeições, falhas ou fraquezas, percebidas ou efetivas. Eles também tendem a acreditar que a afeição e a aprovação de outras pessoas dependem totalmente de sua própria perfeição. Ao sentirem que fizeram alguma coisa imperfeita, o que raramente ocorre, ficam ansiosos, irritados, infelizes e zangados.

O perfeccionismo pode ser uma vantagem, mas também pode ser uma desvantagem grave no trabalho. Mesmo quando os perfeccionistas são *top performers*, eles ainda tendem a ser acometidos do senso de fracasso. Eles se autoavaliam com base no que acham que deveriam ser e fazer e em geral assumem objetivos inatingíveis. Muitas são as dificuldades resultantes do perfeccionismo, e aqui estão três das principais. Primeiro, o perfeccionismo pode comprometer a avaliação do desempenho, com base em critérios objetivos; segundo, o perfeccionismo tende a subestimar a autoavaliação do desempenho, com base em critérios subjetivos, reduzindo a satisfação; e, finalmente, o perfeccionismo pode prejudicar o desempenho do grupo, ao gerar conflitos interpessoais.

1. Comprometer a avaliação do desempenho

Como já foi dito, o perfeccionismo pode ser eficaz em certas situações. No entanto, qualquer perda de estabilidade ou advento de dificuldade inesperada – briga com um colega ou novas fontes de tensão – pode alijar o perfeccionista. Para muitos perfeccionistas, até os mais insignificantes problemas podem tirá-los do sério, despertar-lhes emoções deletérias e levá-los a adotar comportamentos destrutivos, distraindo-os das tarefas a serem executadas.

O perfeccionista também tende a ser indeciso e é demasiado propenso a perder prazos. Quando nada é bastante bom, como saber que está terminado? Quanto mais tempo o perfeccionista tem, de mais tempo ele precisa para se obcecar com os detalhes, até com minúcias irrelevantes. Para o perfeccionista, a ansiedade em relação à qualidade do trabalho pode superar a necessidade de cumprir prazos. É possível que prefiram apresentar o trabalho com atraso a permitir que outras pessoas vejam o que lhes parece abaixo dos padrões, mesmo que, objetivamente, o trabalho seja de alta qualidade.

Daí não se deve concluir que todos os perfeccionistas sejam os mais propensos a imperfeições. Quando o estresse é gerenciado com eficácia, com um mínimo de autoconsciência e com o apoio de colegas confiáveis, o perfeccionista talvez faça um excelente trabalho.

2. Reduzir a satisfação

A primeira questão é a preocupação com os erros, o que reflete reações negativas aos equívocos, a tendência de interpretar os erros como fracassos e de acreditar que, em consequência do fracasso, perderá o respeito dos outros ("As pessoas provavelmente me menosprezarão se eu cometer um erro"; "Devo ficar chateado se eu cometer um erro"). A segunda questão envolve os padrões pessoais, que refletem a adoção de critérios muito rigorosos e a importância atribuída a esses altos padrões para a autoavaliação ("Se eu não definir os mais altos padrões para mim mesmo, é provável que eu acabe como pessoa de segunda categoria"; "Detesto ser pior do que o melhor"). A terceira questão é a das expectativas parentais, ou a tendência de achar que os pais estabelecem objetivos muito elevados ("Meus pais esperavam que eu fosse excelente"; "Meus pais queriam que eu fosse o melhor em tudo"). A quarta questão, a percepção de que os pais são (ou foram) demasiado críticos, constitui uma crítica aos pais ("Quando criança, era punido por ser menos do que perfeito", "Nunca achei que eu podia corresponder aos 'padrões' dos meus pais"). Outro aspecto é o questionamento das próprias ações, que reflete a extensão em que as pessoas duvidam da própria capacidade. Finalmente, talvez se atribua importância excessiva à ordem e à organização ("A organização é muito importante para mim", "Tento ser uma pessoa limpa e arrumada").

Os perfeccionistas patológicos são infelizes e improdutivos. Tendem a ter baixa autoestima porque se consideram fracassados. E sempre há o fantasma da culpa, a vergonha e a autorrecriminação. Os perfeccionistas, na maioria, sofrem de depressão, pessimismo e descrença em si mesmos. Facilmente podem ficar imobilizados e desmotivados. Quando estão ligados, porém, os perfeccionistas caracterizam-se pela compulsividade, obsessão e rigidez.

3. Criar dificuldades pessoais

Os perfeccionistas se avaliam com base em seus padrões pessoais. Se os seus padrões não são razoáveis, de muitas maneiras essa tendência pode levá-los a conflitos.

Os perfeccionistas valorizam demais as opiniões alheias, sobretudo de seu gerente de linha ou da liderança sênior. É possível que eles adotem padrões para si mesmos muito mais altos do que seria razoável, e depois fiquem com a sensação de que não estão correspondendo às expectativas. Qualquer que seja a origem desse perfeccionismo – o desejo de fazer o melhor possível ou o anseio de agradar a outras pessoas –, essa compulsão para agradar é, em geral, mais fator de dispersão e fonte de estresse do que um atributo positivo no trabalho.

Trabalhar para um perfeccionista talvez seja uma experiência extremamente frustrante e desmotivadora. É possível que nunca fiquem satisfeitos com o seu trabalho, apontando todos os seus erros, por mais insignificantes que sejam. Eles podem ser inspiradores, mas, em geral, ficam frustrados em funções de gestão ou liderança, ao acharem que seriam capazes de fazer o trabalho dos membros da equipe direta melhor do que eles próprios. Quase sempre deixam-se levar pelas minúcias e esquecem o panorama geral.

Conclusão

Ao ver alguém que parece perfeito, ou que fica irritado com o perfeccionista no trabalho, empatia talvez seja reação mais adequada do que inveja. Os perfeccionistas geralmente são movidos pelo medo de cometer erros ou de serem rejeitados. Esses sentimentos podem levar facilmente a um ciclo vicioso de objetivos irrealistas, inexecução dos objetivos, ansiedade ou depressão e redução da capacidade de alcançar os objetivos mais realistas. Daí se conclui que os perfeccionistas nem sempre são os melhores trabalhadores, como salienta o título do artigo de Neville (2013) na *Forbes*: "O perfeccionismo é inimigo de tudo".

O perfeccionismo pode ser bênção ou maldição. Não há nada de errado em adotar altos padrões, mas os padrões precisam ser realistas. Os perfeccionistas precisam de ajuda e apoio, como qualquer outra pessoa. Tudo bem em ser humano, mas não é possível ser super-humano. Não há nada de errado em fazer contribuições significativas para o sucesso da equipe, mesmo que não seja a contribuição mais importante.

E quem cria a imagem de perfeição está longe de ser perfeito, na prática, sob todos os aspectos, não importa quanto e como se avaliem sob certos aspectos de sucesso.

Referências

MIRZA, R. How Serena Williams Won a Record 23rd Grand Slam Titles with Victory at the Australian Open. *Sky Sports*, 19 abr. 2017. Disponível em: <http://www.skysports.com/tennis/news/12110/10742619/how-serena-williams-won-arecord-23rd-grand-slam-titles-with-victory-at-the-australian-open>.

NEVILLE, A. Perfectionism Is the Enemy of Everything. *Forbes*, 10 maio 2013. Disponível em: <https://www.forbes.com/sites/amandaneville/2013/05/10/perfectionism-is-the-enemy-of-everything/#3b5c595b6fd3>.

MITO 18
AS MULHERES NÃO SÃO TÃO COMPETITIVAS QUANTO OS HOMENS

Só porque a competitividade das mulheres talvez pareça diferente da maneira como os homens competem, não se pode concluir que elas não sejam competitivas no local de trabalho.

Introdução

Os estereótipos de gênero sugerem que os homens são mais competitivos que suas colegas femininas. Supõe-se que os homens sejam mais agressivos, mais dominantes e mais competitivos. As mulheres são aparentemente mais colaborativas e interativas, fomentadoras e cuidadoras, em vez de brutamontes agressores.

Os psicólogos evolucionistas diriam que esses estereótipos podem ser explicados pela história da evolução humana (Puts, 2010). Nas sociedades primitivas, os homens eram caçadores e guerreiros, enquanto as mulheres eram coletoras e mentoras; esses papéis se internalizaram ao longo da evolução da espécie a ponto de se tornar natural na sociedade moderna. É claro que aplicar essas ideias no local de trabalho moderno é, na melhor das hipóteses, questionável, e não muito útil, uma vez que as evidências sugerem que há melhores maneiras de considerar a competitividade no trabalho.

O tema é interessante e importante porque, nem sempre, a competição é valiosa e proveitosa em todos os locais de trabalho ou em todos os tipos de trabalho (MacRAE; Furnham, 2014). Muitos são os tipos de trabalho que se beneficiam de empregados que são menos competitivos, menos exigentes, e têm menos necessidade de serem considerados vencedores.

As mulheres não são todas iguais

O primeiro ponto óbvio é que algumas mulheres são mais competitivas do que outras. O Inventário de Traços de Alto Potencial (High Potential Trait Inventory) (MacRae; Furnham, 2014), que mede a competitividade no local de trabalho, mostra que as mulheres distribuem-se ao longo de um contínuo de competitividade, e Teodorescu, Furnham e MacRae (2017) também descobriram que as mulheres no local de trabalho distribuem-se num espectro de competitividade tanto quanto os homens.

No nível mais básico, as evidências não suportam a alegação de que as mulheres não são inerentemente tão competitivas quando os homens no local de trabalho, mas as evidências também sugerem que os homens e as mulheres têm diferentes estilos e maneiras de serem competitivos.

As mulheres tendem a competir mais contra outras mulheres

Há quem sugira (Gordon, 2015) que as mulheres tendem a ser mais competitivas entre outras mulheres, em vez de competir diretamente com os homens. Gordon, porém, sugere que as mulheres competem entre si de maneira menos direta e afrontosa, e cita uma resenha da literatura feita por Vaillancourt (2013), na qual explica que essa agressão feminina geralmente é canalizada para melhorar a própria imagem e comprometer a das rivais.

Muitas são as teorias sobre competição que explicam por que as mulheres competem mais com outras mulheres. A primeira é a já mencionada abordagem da psicologia evolucionista, segundo a qual as mulheres usam, basicamente, estratégias de acasalamento que evoluíram ao longo dos tempos para se proteger fisicamente e, assim, usam métodos de confronto físico indiretos em vez de diretos – ao mesmo tempo em que se fazem mais atraentes que outras mulheres. A segunda teoria é que o valor social do trabalho, do dinheiro, do prestígio e do sucesso criam situações de agressão na competição por recursos.

Vamos deixar de lado grande parte da teoria, no restante desta discussão, por ser em geral controversa e demasiado simplista, além de promover ou ignorar as questões reais e práticas de como a competição efetivamente se manifesta no local de trabalho.

As mulheres preferem competir contra elas próprias

Apicella, Demiral e Mollerstrom (2017) se interessaram pelas diferenças de gênero na competitividade, principalmente em relação a como a competitividade afeta a remuneração e as promoções no local de trabalho para homens e mulheres.

Eles fizeram um experimento em que se pediu aos participantes para competir, na solução de problemas matemáticos simples, contra adversários hipotéticos ou contra o próprio desempenho. É como superar o próprio desempenho em vendas semanais, de um lado, ou conseguir vendas semanais mais altas do que as dos colegas, de outro.

Na primeira rodada do estudo, pagou-se aos participantes $ 1 por cada resposta certa (as recompensas financeiras reais normalmente geram resultados que refletem com mais exatidão a maneira como as pessoas se comportam no ambiente de trabalho, sobretudo em situações de remuneração por desempenho). Na segunda rodada, pediu-se aos participantes para superar os próprios escores anteriores ou os de um adversário escolhido ao acaso. Os participantes que resolveram mais problemas de matemática do que os adversários (seja os próprios escores, seja os de adversários aleatórios) receberam um adicional de $ 2 para cada solução correta. Os participantes que resolveram menos problemas nessa rodada não receberam nada.

Na terceira rodada, para aumentar o fator de competitividade, os participantes tinham de fazer uma escolha. Podiam optar entre receber a quantia mais baixa ($ 1) para cada problema resolvido corretamente numa tarefa não competitiva, ou receber a quantia mais alta ($ 2), com critérios mais competitivos. Essa foi a fase em que mais apareceram as diferenças entre gêneros.

Apicella e colegas descobriram que, na condição "outro", os homens se mostraram muito mais propensos a competir com outra pessoa para receber a recompensa maior, enquanto as mulheres se revelaram muito mais propensas a não competir com outra pessoa e receber a recompensa mais baixa. No entanto, na condição "eu", as mulheres tenderam tanto quanto os homens a competir com o próprio desempenho no passado pela recompensa maior. Essa distinção é importante, mostrando que, embora algumas mulheres pareçam menos competitivas com as colegas, elas podem ser igualmente competitivas consigo mesmas, empenhando-se em melhorar e maximizar o próprio desempenho. Só porque a competitividade das mulheres talvez pareça diferente da maneira como os homens competem, não se pode concluir que as elas não sejam competitivas no local de trabalho.

Implicações financeiras no local de trabalho

Frequentemente se recorre à competitividade mais baixa como explicação de por que a remuneração das mulheres é inferior aos colegas de função no mesmo local de trabalho (APICELLA; MOLLERSTROM, 2017). Com efeito, a competitividade pode ajudar as pessoas a se destacar, a exibir o próprio desempenho e chamar a atenção para si próprias no local de trabalho. Em culturas organizacionais competitivas, talvez seja mais fácil destacar-se como *high performer*, mostrando que o próprio desempenho é superior ao dos colegas.

No entanto, competir com outras pessoas, sobretudo no local de trabalho, pode ser contraproducente. Um pouco de competição saudável talvez seja útil, mas, quando se exacerba, a competição pode levar a comportamentos agressivos e, em última instância, destrutivos, como fofoca difamatória ou injuriosa, bullying, sabotagem e outros atos semelhantes. Uma cultura demasiado competitiva pode ser contraproducente quando se perde tempo menosprezando o desempenho alheio para valorizar o próprio. No fim das contas, não é bom ser *top performer* numa corrida para o autoextermínio.

No entanto, a competitividade não é em si tóxica, nem perigosa – usada de maneira construtiva, pode ser excelente fator de motivação. A competitividade geralmente é usada como fator de motivação no ambiente de trabalho, seja entre vendedores e atletas, seja entre empresas. O ponto interessante levantado por Apicella e Mollerstrom (2017), com base em descobertas de pesquisas, é que as pessoas competem consigo próprias para melhorar o desempenho da mesma maneira como competem com outras pessoas. A competição pode impulsionar o desempenho, mas a natureza e o tipo da competição podem assumir várias feições.

Conclusão

As mulheres podem ser tão competitivas quanto os homens no local de trabalho, mas nem todas as pessoas são competitivas, não importa o gênero. As mulheres tendem a competir mais consigo mesmas, no esforço para se superar, do que com os pares no trabalho. As avaliações do desempenho devem medir as melhorias do desempenho individual, assim como o desempenho comparativo com o dos colegas.

Referências

APICELLA, C.; MOLLERSTROM, J. Women Do Like to Compete against Themselves. *New York Times*, 24 fev. 2017. Disponível em: <https://www.nytimes.com/2017/02/24/opinion/sunday/women-do-like-to-compete-against-themselves.html>.

APICELLA, C.; DEMIRAL, E. E.; MOLLERSTROM, J. *No Gender Differences in Willingness to Compete When Competing Against Self*. DIW Berlin Discussion Paper nº 1638, 2017.

GORDON, E. V. Why Women Compete With Each Other. *New York Times*, 31 out. 2015. Disponível em: <https://www.nytimes.com/2015/11/01/opinion/sunday/why-women-compete-with-each-other.html?mtrref=www.google.ca&gwh=9A27 BDAC3F5A01FEB9E44DBE6E-44116B&gwt=pay&assetType=opinion>.

MacRAE, I.; FURNHAM, A. *High Potential:* How to Spot Manage and Develop Talented People at Work. Londres: Bloomsbury, 2014.

PUTS, D. A. Beauty and the Beast: Mechanisms of Sexual Selection in Humans. *Evolution & Human Behavior*, v. 31, n. 3, p. 157–75, 2010.

TEODORESCU, A.; FURNHAM, A.; MacRAE, I. Trait Correlates of Success at Work. *International Journal of Selection and Assessment*, v. 25, p. 36–42, 2017.

VAILLANCOURT, T. Do Human Females Use Indirect Aggression as an Intrasexual Competition Strategy? *Philosophical Transactions of the Royal Society B*, v. 368, p. 1631, 2013.

MITO 19
A PERSONALIDADE DAS PESSOAS NO TRABALHO PODE SER ENCAIXADA EM CATEGORIAS

Compreender os seus traços de personalidade e os dos colegas é compreender melhor as próprias tendências e as dos colegas e como cada um tende a encarar o trabalho. Não há traços de personalidade "errados", porque cada traço tem as próprias vantagens e desvantagens.

Introdução

Robert Benchley (1920) observou, jocosamente, que: "Pode-se dizer que há duas classes de pessoas no mundo: as que dividem constantemente as pessoas em duas classes e as que não o fazem. Ambas as classes são extremamente desagradáveis de conhecer em contextos sociais, não sobrando praticamente ninguém no mundo a quem seja prazeroso conhecer". A mesma afirmação aplica-se aos traços de personalidade – as pessoas são divididas em uma ou outra categoria. Conscienciosas ou inconscienciosas. Interessadas ou desinteressadas. Cooperativas ou competitivas. Pensadoras ou executoras. Com tantas dicotomias, a Categoria X por certo se chocará com a Categoria Z.

Supostamente, os tipos "opostos" não se gostam, não se compreendem, nem sem respeitam. Será que, realmente, as personalidades podem ser tão diferentes a ponto de os choques serem inevitáveis? E será que, de fato, podemos reduzir as pessoas a duas categorias de personalidade?

O conceito de choque de personalidade não se originou na terminologia da psicologia ou da psiquiatria. No entanto, psicólogos, consultores e treinadores geralmente mostram-se ansiosos para embarcar no trio elétrico das categorizações. Nessas circunstâncias, quase sempre os traços de personalidade são definidos como dois tipos opostos ou dicotômicos, propensos a choques. As pessoas com traços de personalidade diferentes podem ser mais propensas a se chocar entre si, mas é essencial usar modelos de personalidade válidos para analisar essa propensão (MacRAE; Furnham, 2014).

Geralmente usa-se a expressão "choque de personalidade" quando as pessoas discordam entre si em razão de suas diferenças em termos de traços de personalidade, valores, ética de trabalho e outros atributos. As pessoas podem ter maneiras de pensar e de se comportar muito diferentes no trabalho. Não se trata apenas de não gostar ou de não confiar; os choques de personalidade podem refletir diferenças na visão de mundo. Talvez seja muito difícil trabalhar com colegas que parecem totalmente diferentes. Os madrugadores ou matutinos detestam reuniões às 16 horas e mal acreditam que as corujas poentes conseguem trabalhar depois das 17h30, enquanto estes últimos não sabem ao certo, nem têm como confirmar exatamente, a hora em que as cotovias do nascente chegam ao escritório, nem o que fazem lá, mal rompe a manhã.

Os choques de personalidade podem ocorrer com diferentes níveis de intensidade, e níveis de intensidade talvez sejam critério mais útil para considerar os choques de personalidade do que a categorização das personalidades. Vários são os modelos populares de personalidades no trabalho, como a Tipologia de Myers-Briggs, que classifica as pessoas em diferentes categorias. Elas são introvertidas solitárias, que preferem ficar sozinhas, ou extrovertidas gregárias, que se energizam quando estão cercadas de outras pessoas. Muita gente acredita que as pessoas podem ser classificadas facilmente em categorias de personalidade, mas as evidências científicas indicam o contrário. Classificar as pessoas em categorias A ou B não é a maneira mais eficaz de compreender as personalidades no trabalho (MacRAE; Furnham, 2014). Para explorar e compreender isso, é útil falar sobre modelos de personalidade baseados em traços e tipos.

Choques de traços e tipos

As duas grandes categorias da teoria da personalidade podem ser denominadas modelos de traços e modelos de tipos.

1. Os modelos de tipos são categóricos: classificam as pessoas em grupos baseados em uma ou mais variáveis de personalidade. Por exemplo, personalidade *Tipo A* é a de pessoas ansiosas e impulsivas, dinâmicas, ambiciosas e realizadoras, e competitivas; personalidade *Tipo B* é a de pessoas mais relaxadas, menos dinâmicas e não tão competitivas. Em outros casos, usam-se diversas variáveis de personalidade, que podem ser identificadas por categorias, cores, acrônimos e outros rótulos.

2. Os modelos de traços descrevem as pessoas com base em níveis ou escores de determinados padrões de pensamento e comportamento. Nos modelos de traços, a personalidade é descrita como um ponto num contínuo de traços ou fatores. Diferentes pontos em determinado contínuo de traços entre dois extremos – ausência ou presença de pensamentos e comportamentos idênticos ou semelhantes – significam menor ou maior intensidade do mesmo traço. Por exemplo, curiosidade é a maneira de encarar novidades e inovações, e se manifesta no contínuo como desinteresse e interesse nas pontas e ambivalência nos pontos intermediários.

Os modelos de traços são maneiras muito mais diversificadas e matizadas de explicar a personalidade e podem ser muito mais esclarecedores sobre os choques de personalidade. Os escores de traços de personalidade manifestam-se numa distribuição normal.

Os modelos de tipos só seriam maneiras válidas e úteis de descrever a personalidade se os tipos constituíssem *clusters* ou aglomerados distintos, o que não ocorre. Nas pesquisas, os traços de personalidade nitidamente se distribuem numa curva normal, em que grande parte dos escores se acumulam no centro da distribuição (MacRAE; FURNHAM, 2014). A maioria das pessoas situa-se no "meio", enquanto cada vez menos pessoas têm traços de personalidade que se aproximam dos extremos. As pessoas no centro do espectro tendem a ser muito mais parecidas do que as pessoas nas extremidades opostas do espectro. Essa tendência aplica-se a quase todos os traços, desde estatura até inteligência. Com base nessas descobertas e tendências, o método mais válido de descrever a personalidade é o modelo de traços, que também se destaca como a maneira mais esclarecedora e nuançada de considerar os choques de personalidade.

Traços de personalidade e como se chocam

O Inventário de Traços de Alto Potencial (High Potential Trait Inventory) (MacRAE; Furnham, 2014; Teodorescu; Furnham; MacRAE, 2017) mede seis traços de personalidade no local de trabalho. Esses traços podem ser usados para explicar onde os choques de personalidade comuns ocorrem no trabalho.

Conscienciosidade

Conscienciosidade é uma combinação de autodisciplina, organização e controle de impulsos. Os indivíduos com alta conscienciosidade tendem a ser bem organizados e preferem fazer planos concretos. São muito bons em motivar-se a si próprios, parecem dinâmicos e gostam de realizar os objetivos. Os indivíduos com baixa conscienciosidade são mais negligentes quanto a prazos e cronogramas. Dão a impressão de "seguir a corrente" e podem auferir mais satisfação de condições e situações não correlacionadas com objetivos de carreira, realizações ou honrarias.

A alta conscienciosidade afeta o desempenho grupal da mesma maneira como influencia o desempenho individual. Além disso, toda equipe ou grupo se beneficia de ter pelo menos uma pessoa com alta conscienciosidade, capaz de motivar a equipe e de definir objetivos e prazos claros. No entanto, as equipes que têm muitos membros com alta conscienciosidade às vezes se tornam muito introvertidas e regradas.

As pessoas nos extremos alto e baixo do espectro de conscienciosidade podem entrar em choque com os colegas quando parecem seguir ética de trabalho e padrões de diligência muito diferentes. Os indivíduos com baixa conscienciosidade podem encarar os trabalhadores com alta conscienciosidade como perfeccionistas rígidos e obsessivo-compulsivos. No sentido oposto, os indivíduos com alta conscienciosidade podem ver os colegas com baixa conscienciosidade como preguiçosos ou dispersos.

As pessoas com mais alta conscienciosidade são melhores em tarefas minuciosas, que exigem planejamento de longo prazo e automotivação. Já os indivíduos com mais baixa conscienciosidade tendem a ser melhores em trabalhos espontâneos e em ambientes em que são motivados pelo contexto, pelos colegas e pelas circunstâncias e gestores.

Adaptabilidade

Adaptabilidade é a maneira como as pessoas reagem emocionalmente ao estresse, às circunstâncias e aos relacionamentos interpessoais. As pessoas com baixa capacidade de adaptação tendem a ter pensamentos negativos, a ser mais escrupulosas e meticulosas em relação ao próprio trabalho, atitudes e comportamentos, e a se deixar dominar por emoções deletérias. A falta de adaptabilidade, portanto, associa-se a ideias e sentimentos negativos, a excesso de preocupação e a embaraços desnecessários. Já as pessoas com alta capacidade de adaptação geralmente têm sentimentos mais positivos em relação ao próprio trabalho, desempenho e relacionamentos. Os indivíduos bem adaptados preocupam-se menos com as demandas e pressões e confiam mais no próprio desempenho.

A capacidade de adaptação tem alto impacto na maneira em que a pessoa interage e trabalha com os outros. Os indivíduos com baixa adaptabilidade tendem a se preocupar com as opiniões alheias e a passar muito tempo ruminando sobre pequenas interações. Já os indivíduos bem adaptados consideram as situações, mas tendem a ser menos inseguros ou retraídos. Os trabalhadores menos adaptados podem ser considerados mais neuróticos, enquanto os mais adaptados talvez sejam vistos como negligentes e displicentes.

As pessoas mais adaptadas são melhores em lidar com situações, tarefas e trabalhos mais estressantes. Tendem a apresentar melhor desempenho em trabalhos em que precisam ser calmas e frias sob fogo cerrado. Já as pessoas menos adaptadas tendem a ser mais eficazes em ambientes de trabalho que demandam sensibilidade em relação a ameaças e riscos externos.

Curiosidade

Curiosidade é a maneira como a pessoa encara novas informações, métodos e abordagens. As pessoas curiosas são ativas na busca de inovações e métodos alternativos para executar o trabalho. Já os indivíduos menos curiosos preferem métodos testados e comprovados, e suspeitam de inovações e mudanças.

Os indivíduos dotados de alta curiosidade se interessam pelas opiniões alheias e por novas maneiras de trabalhar. Gostam de fazer perguntas e de compreender como e por que outras pessoas estão trabalhando de maneiras diferentes. As pessoas curiosas, porém, talvez precisem de mais informações para se engajar, enquanto as menos curiosas tendem a se interessar menos pelo debate e pela compreensão das motivações alheias.

A alta curiosidade pode ser confundida com desatenção e instabilidade, ou tendência para mudar de ideia ou projeto. Já a baixa curiosidade pode parecer tradicionalismo e convencionalismo, ou tendência para bloquear inovações e avanços.

Os trabalhadores mais curiosos tendem a ser bem-sucedidos em posições que exigem a absorção de novas informações e aprendizado de novas maneiras de fazer as coisas. Também aprendem com mais rapidez nos programas de treinamento e desenvolvimento. Os menos curiosos, por outro lado, são melhores em tarefas e funções que exigem trabalhadores mais persistentes, estáveis e confiáveis.

Propensão ao risco

A propensão ao risco é a maneira como a pessoa maneja situações desafiadoras, difíceis ou ameaçadoras. Os indivíduos com mais propensão ao risco tendem a considerar ampla gama de opções, escolher a melhor e agir com rapidez. Ao contrário, as pessoas com menos propensão ao risco tendem a reagir com mais cautela. Os mais propensos ao risco se dispõem a enfrentar os desafios com impulsividade, aqui e agora. Os menos propensos ao risco tendem a evitar desafios e conflitos, até não terem outra escolha.

A propensão ao risco é previsor de como a pessoa interage com os membros do grupo. As pessoas que aceitam riscos são assertivas e corajosas, mas, às vezes, podem parecer agressivas demais. Já as que rejeitam riscos são mais inseguras, detestam a incerteza e evitam conflitos.

A maioria dos grupos se beneficia com a diversidade dos membros quanto à propensão ao risco. Os indivíduos mais ousados tornam o grupo mais inovador e proativo, mas também podem deixá-lo mais fragmentado e menos consensual. Os grupos com poucos membros ousados podem tornar-se avessos ao risco e incapazes de resolver conflitos internos.

Os diferentes níveis de propensão ao risco geralmente acarretam choques de personalidade quando os que evitam o conflito a qualquer custo se opõem aos que assumem abordagens mais diretas e imediatas, ao enfrentar desafios. As pessoas menos propensas ao risco tendem a ser mais eficazes em situações e funções que não envolvam conflitos pessoais e situações perigosas.

Aceitação da ambiguidade

É a maneira de reagir à disparidade e à complexidade. Os indivíduos com alta aceitação da ambiguidade são capazes de conviver com situações diversificadas e nuançadas. Os indivíduos com baixa aceitação da ambiguidade consideram exasperantes e frustrantes a indefinição e a diversidade, preferindo situações e soluções uniformes, consistentes, lineares, imediatas e diretas.

A aceitação da ambiguidade é atributo tanto de organizações quanto de indivíduos. As organizações com políticas flexíveis e alta tolerância às idiossincrasias demonstram alta aceitação da ambiguidade e à indefinição. Já as organizações formalistas e hierárquicas, com processos e diretrizes documentados e inflexíveis, denotam baixa tolerância à ambiguidade e à indefinição.

A aceitação da ambiguidade afeta a maneira como os indivíduos interagem uns com os outros no local de trabalho. Aqueles com alta aceitação da ambiguidade apreciam informações complexas e matizadas. São mais propensos a buscar opiniões díspares ou conflitantes e não rejeitam fatos contrários às suas crenças e posições. Aqueles com baixa aceitação da ambiguidade não gostam de mensagens nuançadas e se sentem frustrados e confusos diante de mensagens e situações sutis. São mais propensos a evitar contestações e dissensões, que podem extraviá-los e dispersá-los.

Os trabalhadores com diferentes níveis de aceitação da ambiguidade entram em conflito quando aqueles com alta aceitação da ambiguidade parecem vagos ou sutis e enviam mensagens mistas, enquanto os colegas com baixa aceitação da ambiguidade querem clareza e certeza. Os indivíduos com alta aceitação da ambiguidade tendem a ser melhores em funções de liderança estratégica. Já os indivíduos com baixa aceitação da ambiguidade são geralmente mais bem-sucedidos em funções técnicas e especializadas.

Competitividade

Competitividade é o desejo de vencer, é a necessidade de poder, e a reação à vitória ou à derrota. As pessoas de alta competitividade precisam sentir que suas realizações são reconhecidas e apreciadas. A alta competitividade pode impulsionar o desempenho e a melhoria contínua. As pessoas de baixa competitividade sentem menos necessidade de controlar e são menos focadas em receber recompensas e elogios.

A competitividade afeta a maneira como a pessoa atua em grupo e como interage com a equipe. Os indivíduos altamente competitivos veem os eventos da equipe como oportunidades para demonstrar capacidade. Também anseiam pelo reconhecimento das suas realizações pelos outros membros da equipe. As pessoas menos competitivas podem ser igualmente eficazes em equipes, mas talvez não queiram se destacar e extraiam mais satisfação do sucesso de toda a equipe do que das suas realizações individuais.

Os choques serão inevitáveis quando os trabalhadores competitivos quiserem competir com os colegas não competitivos. Os de alta competitividade sempre querem sobressair como "vencedores", enquanto os de baixa competitividade não querem disputar, nem ficar sob os holofotes.

Os trabalhadores de alta competitividade geralmente se dão bem em funções que exigem excelente desempenho individual e competição entre os pares. Os vendedores e os atletas de elite tendem a se beneficiar da alta competitividade. Os atores menos competitivos são melhores em funções em que devem ser jogadores de equipe.

Encontrando-se no meio

Enquanto as pessoas nos extremos opostos do espectro tendem a ser as mais diferentes e as mais propensas a choques de personalidade, as que se situam no meio tendem a ser as mais semelhantes e as menos propensas a confrontos.

Esse ponto é importante, porque compreender os seus traços de personalidade e os dos colegas é compreender melhor as próprias tendências e as dos colegas e como cada um tende a encarar o trabalho. Não há traços de personalidade "errados", porque cada traço tem as próprias vantagens e desvantagens. Algumas funções são mais compatíveis com certos perfis de personalidade; portanto, os empregadores devem se empenhar em compatibilizar os trabalhadores com as funções e as tarefas que mais se adequem aos pontos fortes do indivíduo. Como fazer isso é analisado com grandes detalhes em *High Potential:* How to Spot, Manage and Develop Talented People at Work (MacRAE; FURNHAM, 2014).

Conclusão

Diferentes personalidades podem entrar em conflito e realmente se chocar no local de trabalho, e a melhor maneira de prever e prevenir choques, ou mitigar seus efeitos negativos, é compreender os diferentes traços de personalidade. Vale lembrar que os traços de personalidade são padrões duradouros de pensamentos, emoções e comportamentos. Como é muito provável que as personalidades mudem, compreender os efeitos que elas podem exercer sobre o trabalho e sobre como as pessoas interagem umas com as outras é a melhor maneira de minimizar os embates. Embora inevitáveis, os choques de personalidade por certo continuarão a ocorrer no trabalho, e compreender como os traços de personalidade se encaixam com diferentes tipos de trabalho ajudará a minimizar os conflitos e a maximizar o desempenho.

Referências e leituras complementares

BENCHLEY, R. The Most Popular Book of The Month: An Extremely Literary Review of the Latest Edition of the New York City Telephone Directory. *Vanity Fair*, fev. 1920.

CASPI, A.; ROBERTS, B. W.; SHINER, R. L. Personality Development: Stability and Change. *Annual Review of Psychology*, v. 56, p. 453–84, 2005.

MacRAE, I.; FURNHAM, A. *High Potential:* How to Spot Manage and Develop Talented People at Work. Londres: Bloomsbury, 2014.

MacCRAE, R. R. *et al.* Nature over Nurture: Temperament, Personality, and Life Span Development. *Journal of Personality and Social Psychology*, v. 78, n. 1, p. 173, 2000.

TEODORESCU, A.; FURNHAM, A.; MacRAE, I. Trait Correlates of Success at Work. *International Journal of Selection and Assessment*, v. 25, p. 35–40, 2017.

MITO 20
SEXUALIDADE E GÊNERO DEVEM SER LEVADOS EM CONTA NO TRABALHO

> *Equidade não é dar emprego a todos, nem é criar sistemas de quotas artificiais, mas sim garantir que as pessoas capazes e qualificadas para a função tenham igualdade de oportunidades para conquistar o sucesso.*

Introdução

Ian Fleming, autor dos romances de James Bond, era um escritor fantástico de livros excelentes, mas tinha algumas ideias malucas. Uma dessas ideias apareceu no filme *O homem do revolver de ouro*: "Há uma teoria popular de que o homem que não consegue assobiar tem tendências homossexuais" (FLEMING, 1965).

Esse é um dos mitos mais divertidos sobre homossexualidade, que é não só fácil de desmentir, mas também um tanto estranho. Ele ilustra muito bem que numerosos são os mitos sobre pessoas com orientações sexuais diferentes, os quais podem ser bizarros e irrelevantes no local de trabalho.

Esse talvez seja um dos tópicos mais difíceis, porque é ampla a variedade de controvérsias, crenças e atitudes a esse respeito em todos os lados dos espectros ideológico e político. Essa questão, porém, vai além do escopo deste capítulo. Também há algumas sutilezas sobre a terminologia, que mencionaremos com brevidade e preteriremos em grande parte na próxima seção. Antes de prosseguir, porém, será útil resumir a principal mensagem deste capítulo.

Sexualidade e identidade de gênero suscitam muitos mitos e preconceitos no local de trabalho. Vez por outra manifestam-se vieses contra pessoas com orientações sexuais diferentes no trabalho, mas essas diferenças não devem ser consideradas relevantes para o desempenho potencial da pessoa.

Nota sobre a terminologia

Uma análise sobre a gama de sexualidades e gêneros vai bem além do escopo deste capítulo, mas, para qualquer pessoa interessada em discussão detalhada do tema, recomendamos a leitura de Badgett *et al* (2013). O termo a ser usado no restante deste capítulo será LGBT+, acrônimo que significa Lésbicas, Gays, Bissexuais, Travestis, Transexuais e Transgêneros, mais os muitos outros grupos de minorias sexuais e de gênero. Vários são os diferentes acrônimos que podem ser usados para representar diferentes grupos, mas a principal questão a ser lembrada para os propósitos deste capítulo é não se prender demais à terminologia.

Antes de se aventurar em mais detalhes, o mais importante a ter em mente é que o ponto deste capítulo é que sexualidade e gênero são essencialmente irrelevantes para decisões referentes a seleção, desenvolvimento e retenção de pessoal no trabalho. Trabalhadores e empregadores se beneficiam com a ampliação do *pool* de talentos dos trabalhadores e com a remoção das barreiras à contratação que não têm nada a ver com as previsões de desempenho efetivo.

O argumento da equidade no emprego

O argumento sobre contratação, promoção, desenvolvimento e trabalho com pessoas LGBT+ é o mesmo que se aplica a quaisquer outras pessoas. MacRae e Furnham (2014) descrevem como a equidade no emprego se relaciona com práticas justas e bons negócios. Muitos indivíduos e empresas preocupam-se com questões como essas, receosos de que estarão sujeitos a interpelações ou a acusações de discriminação. Muitas empresas se empenham em não dizer coisas erradas, nem em tomar decisões equivocadas, para não provocar uma tempestade nas mídias sociais. Por isso é que os argumentos em favor da equidade no emprego serão desenvolvidos totalmente em um caso de negócios neste capítulo.

Sustenta-se com clareza e objetividade que a equidade no emprego é fonte de vantagem competitiva. Se é verdade que o talento é escasso e que se disputa o talento, seria ridículo para os empregadores excluir certas pessoas do processo seletivo para compor o quadro de pessoal, se elas forem talentosas e competentes. A essência da equidade no emprego consiste, simplesmente, em garantir que as pessoas sejam julgadas com base no talento e nas competências para executar o trabalho, ignorando os fatores irrelevantes e, sobretudo, os preconceituosos.

A equidade no emprego relaciona-se estreitamente com talento e potencial e é alcançada com a eliminação das barreiras ao emprego, que impedem indivíduos e grupos de serem contratados e terem igualdade de oportunidades em funções nas quais tenham potencial para progredir. Equidade não é dar emprego a todos, nem é criar sistemas de quotas artificiais, mas sim garantir que pessoas capazes e qualificadas para a função tenham igualdade de oportunidades para conquistar o sucesso. Em outras palavras, equidade é identificar o potencial e prever o desempenho com base em evidências e em critérios válidos sobre os fatores que contribuem para o sucesso. Aceitar ou rejeitar pessoas com base em atributos irrelevantes e discriminatórios é não só injusto, mas também prejudicial para o negócio.

Conforme descrito em *High Potential:* How to Spot, Manage and Develop Talented People at Work (MacRAE; FURNHAM, 2014), cinco são os principais pontos a considerar na caracterização da equidade no emprego, quatro dos quais são incluídos aqui, que se aplicam às pessoas LGBT+, assim como a quaisquer outros grupos e indivíduos:

1. **É a decisão certa.** A equidade no emprego é a opção certa em termos de moralidade, validade e interesse de negócios. Não há qualquer razão de negócios para excluir pessoas, injustamente, por motivos que não afetam a capacidade de exercer a função, nem comprometem o bom desempenho.

2. **É a decisão legal.** A legislação pertinente proíbe expressamente discriminação injusta contra qualquer grupo. Isso não quer dizer que as empresas devem contratar pessoas em

razão de atributos como sexualidade ou gênero, mas sim que é iníquo e ilegal tomar decisões de admissão e demissão de pessoal com base em características que não são relevantes para o desempenho. Trata-se de um critério denominado *Bona Fide Occupational Qualification* (BFOQ) (qualificação ocupacional de boa fé). Significa, na verdade, que a contratação de trabalhadores deve se basear em qualificações relevantes para o desempenho no trabalho. Por exemplo, os bombeiros precisam atender a certos requisitos de condicionamento físico para o exercício da função (UK Fire Services, 2011). Esses requisitos são essenciais para a execução do trabalho, como subir escadas transportando equipamentos volumosos e pesados. São requisitos necessários a serem apresentados pelos candidatos ao emprego, não como condições discriminatórias e preconceituosas, mas como atributos autênticos e legítimos, indispensáveis ao próprio exercício da função, independentemente de outras considerações.

As práticas equitativas de RH geram benefícios adicionais, quando os trabalhadores percebem o local de trabalho como justo, equitativo e com requisitos relevantes. Quando os trabalhadores consideram injustos o ambiente de trabalho e os critérios de RH, a organização tende a perder talentos em consequência do alto *turnover* de pessoal (KERR-PHILLIPS; THOMAS, 2009). Os ambientes de trabalho que são vistos como equânimes, com critérios justos e transparentes de admissão, promoção e demissão, tendem a ser percebidos como mais desejáveis.

3. **Aumenta a eficiência e amplia o *pool* de talentos.** Importante argumento de negócios em favor da equidade no emprego é ampliar o *pool* de talentos, reduzindo as chances de não contratar pessoas talentosas por força de critérios irrelevantes. Quando se introduzem no trabalho vieses contra pessoas LGBT+ ou qualquer outro grupo, reduz-se o número de trabalhadores potenciais a serem selecionados, contratados, treinados e promovidos. Outras empresas que não discriminam certos grupos de pessoas terão a vantagem competitiva de maior variedade de talentos em que escolher.

4. **Aumenta o aprendizado e a abrangência de conhecimentos.** Uma política de emprego mais aberta, flexível e

equitativa proporciona uma gama mais diversificada de indivíduos para o provimento do quadro de pessoal. A maioria das empresas tem um espectro amplo de fregueses, clientes ou empregados. A faixa mais abrangente de experiência de vida, de conhecimentos e de perspectivas é importante vantagem competitiva para as empresas. Essa diversidade confere às equipes da organização uma base mais ampla de vivências e aprendizado. Um dos exemplos mais óbvios é o do marketing. Em geral, equipes homogêneas acabam produzindo platitudes e trivialidades como propaganda, mais alienante e exasperante do que instigante e cativante. Só a variedade de perspectivas pode mitigar ou reverter essa tendência.

Conclusão

Já se salientou de muitas formas diferentes que abandonar estereótipos tolos, mitos sobre gays não conseguirem assobiar e outras manifestações de discriminação é bom para os negócios. Angel Gurría, secretário geral da Organização para a Cooperação e Desenvolvimento Econômico (OCDE) desenvolve um argumento muito forte de que a equidade no emprego e a dessegregação da força de trabalho impulsionarão o crescimento da economia e dos negócios (GURRÍA, 2012). Karen Kornbluh, ex-embaixadora dos Estados Unidos na OCDE, chamou a discriminação da força de trabalho de "vazamento na tubulação" de competências (*"leaky pipeline" of skills*), enfatizando que quanto mais certos grupos de indivíduos são ignorados, discriminados e rejeitados na seleção e admissão de pessoal nas organizações, sem levar em conta as competências e conhecimentos que trariam para o local de trabalho, maiores são as perdas para as economias e para os negócios (USCIB, 2012).

Referências

BADGETT, M.V. L. *et al*. The Business Impact Of LGBT-Supportive Workplace Policies. *Williams Institute*, 2013. Disponível em: <https://williamsinstitute.law.ucla.edu/wp-content/uploads/Business-Impact-of-LGBT-Policies-May-2013.pdf>.

FLEMING, I. *The Man with the Golden Gun:* James Bond 007. Londres: Vintage Classics, 2012. [1965]

GURRÍA, A. All on Board for Gender Equality. *OECD*, 2012. Disponível em: <http://www.oecd.org/about/secretarygeneral/allonboardforgenderequality.htm>. (Discurso proferido no lançamento de relatórios sobre gênero na Organização para a Cooperação e Desenvolvimento Econômico – OECD.)

KERR-PHILLIPS, B.; THOMAS, A. Macro and Micro Challenges for Talent Retention in South Africa. *South African Journal of Human Resource Management*, v. 7, n. 1, 2009.

MacRAE, I.; FURNHAM, A. *High Potential:* How to Spot Manage and Develop Talented People at Work. Londres: Bloomsbury, 2014.

THE PHYSICAL Tests: UK Fire Service Resources. *UK Fire Services*, 2011. Disponível em: <http://www.fireservice.co.uk/recruitment/physical>.

NEW Report on Women's Economic Empowerment Launched at OECD Ministerial. *USCIB*, 2012. Disponível em: <http://www.uscib.org/new-report-on-womenseconomic-empowerment-launched-at-oecd-ministerial-ud-4330/>.

MITO 21
OS *MILLENNIALS* ESTÃO MUDANDO O AMBIENTE DE TRABALHO

As diferenças geracionais talvez não sejam mais úteis para compreender os trabalhadores do que são as datas de nascimento.

Introdução

Há um mito persistente e pernicioso de que as várias gerações são muito diferentes em fatores como personalidade, valores e estilo de trabalho. O mito de que há diferenças fundamentais ou essenciais entre as gerações pode exercer forte impacto sobre a maneira como as pessoas são contratadas, promovidas, gerenciadas e mantidas no local de trabalho (MacRAE; FURNHAM, 2017). No entanto, poucas são as evidências que confirmam a importância das diferenças geracionais e muitas são as evidências que demonstram a relevância de outros fatores no local de trabalho.

É grande o interesse pelas diferenças geracionais na literatura popular, na mídia e em publicações sobre negócios. Muitos, mas não a totalidade, dos comentários sobre pessoas mais jovens, ou *Millennials*, tendem a ser muito negativos. Em geral, supõe-se que as gerações se diferenciam por fatores como atitudes e valores, e sejam moldadas pelos eventos da época em que cresceram. Amadurecer em determinada época e lugar, e sob certas circunstâncias, geralmente deixa marcas fortes na pessoa. As sociedades, as comunidades, as famílias e as escolas tentam ensinar aos seus membros certos conjuntos de crenças e valores sobre questões importantes e tipos adequados de comportamento. Instilam juízos e valores sobre o que é certo ou errado, bom ou mau, justo ou injusto, equânime ou iníquo.

As ideias sobre as diferenças geracionais vão ainda mais longe e assumem que todas as pessoas nascidas em certo intervalo de mais ou menos 25 anos têm experiências, valores e traços comuns. Essa é uma estereotipificação comum entre grupos etários díspares. As duas gerações consideram-se mutuamente diferentes, e todos os indivíduos pertencentes à mesma faixa etária são tidos como semelhantes. Enquanto isso, porém, é muito mais fácil perceber as grandes variações em valores, motivações, personalidades e realizações profissionais dentro do mesmo espectro de idade.

As diferenças geracionais são um excesso de simplificação que reduz as pessoas a categorias simplistas "nós" *versus* "eles". Primeiro, vamos explicar por que se trata tão nitidamente de um mito; depois, vamos analisar por que há tanto a aprender com essa desmitificação.

A raiz do mito

Frequentemente suscita-se a questão das diferenças geracionais sob a perspectiva de gerações como tribos ou culturas distintas, separadas por fronteiras arbitrárias. Todas as pessoas nascidas entre 1943 e 1960 são parecidas. Desculpe, 1961, você está de fora, atrelado à turma de 1981.

Primeiramente, vamos discutir as alegadas diferenças geracionais e os supostos atributos em comum das pessoas da mesma faixa etária. Caso realmente existam diferenças geracionais em valores e atitudes no local de trabalho, deve ser fácil definir as gerações e medir as peculiaridades etárias existentes no ambiente de trabalho. Logicamente, então, se as gerações são diferentes, segue-se daí que elas devem ser gerenciadas de maneira diferente e precisam de condições de trabalho diversas.

A teoria mais comum sobre diferenças geracionais é o modelo de Strauss-Howe. A terminologia geracional tornou-se difusa. Os *Baby Boomers* nasceram entre cerca de 1943 e 1960, e foram moldados pelo rescaldo da Segunda Guerra Mundial; os Geração X, entre

1961 e 1981; e os *Millennials*, entre 1982 e 2004 (isso significa que, tecnicamente, os *Millennials* têm hoje entre 13 e 35 anos). A geração seguinte, que está entrando na população ativa agora, é, tecnicamente, a "Homeland Generation", que, de acordo com Strauss-Howe, teria características semelhantes às da "Greatest Generation", dos nascidos entre 1925 e 1942 – a coorte que lutou na Segunda Guerra Mundial.

Os *Baby Boomers*, que nasceram depois da Segunda Guerra Mundial, foram influenciados pelos turbulentos anos 1960, quando questionaram os pressupostos da época e suas percepções de injustiça no mundo. Essa é a geração dos direitos civis, de Woodstock, do homem na lua, dos protestos, dos sequestros e da energia nuclear. Supõe-se que os *Baby Boomers* rejeitem as hierarquias tradicionais e se oponham à conformidade. São propensos a novas experiências.

Os Geração X foram impactados pelos acontecimentos dos anos 1970 e 1980. Vivenciaram uma das piores depressões econômicas desde a Grande Depressão da década de 1930. Cresceram com os movimentos ambientais, os movimentos feministas, o declínio das fábricas e a ascensão dos serviços. Tendem a ser malvistos no trabalho, parecendo desleais a quem foi leal com eles. Disseram-lhes que "greed is good" (a cobiça é boa), e foram satirizados pelo egocentrismo da cultura "yuppie", materialista e hedonista.

Os *Millennials* começaram a entrar no mundo do trabalho por volta do ano 2000. Eles teriam sido moldados pelos anos 1990: o fim da URSS, a unificação da Alemanha, a integração crescente da Europa, o fim do *apartheid*, e um mundo globalizado mais interconectado e interdependente. O mundo deles começou a encolher rapidamente com a ascensão da tecnologia da informação. As máquinas e a automação começaram a substituir as pessoas no trabalho em ritmo cada vez mais acelerado, e as pessoas tornaram-se nômades, trabalhando em casa, compartilhando mesas, e dependendo de esquemas de trabalho mais instáveis ou flexíveis.

Lemos que a nova geração que entra na população ativa – que nem são mais os *Millennials* – está mudando o ambiente de trabalho. Dizem que essa nova geração é, de alguma maneira, essencialmente diferente. Que os emojis e os selfies da nova geração estão mudando o mundo mais do que os ícones de qualquer outra geração anterior.

A realidade é que toda geração enfrentou desafios diferentes. Não há nada de inédito, nem admirável no fato de o planeta Terra e o mundo do trabalho estarem mudando. Tudo está se transformando desde a invenção do algodão, do gim e da prensa tipográfica; na verdade, desde muito antes.

Desmitificando o mito

Se as gerações são fundamentalmente diferentes, elas também terão diferentes expectativas em relação ao trabalho. Para que essa afirmação seja verdadeira, as tendências sociais abrangentes e os acontecimentos mundiais impactantes terão de exercer sobre o desenvolvimento das crianças influência mais poderosa do que o entorno mais próximo. E é óbvio que bons ou maus pais afetarão as crianças com mais intensidade do que as relações Estados Unidos - Rússia. Os colegas de escola da criança a influenciarão mais do que o Conselho de Segurança da OTAN. A qualidade da educação da criança evidentemente será mais importante para a sua formação como pessoa do que as resoluções das Nações Unidas.

Os indivíduos da mesma geração talvez compartilhem lembranças dos acontecimentos mundiais. Por isso é que as pessoas acabam desenvolvendo valores diferentes, crenças políticas diferentes e visões de mundo diferentes. Indivíduos de certa geração talvez se lembrem de Winston Churchill, de Margaret Thatcher ou de Tony Blair – mas as pessoas da mesma geração provavelmente não têm a mesma opinião sobre essas e outras figuras públicas.

A "teoria" sugere que grandes acontecimentos culturais, históricos e sociais, de âmbito nacional ou internacional, exercem impacto direto sobre as atitudes, crenças e valores da pessoa. Essa hipótese sugere que, não importa onde você tenha nascido e crescido, na Inglaterra, no Canadá ou na Coreia do Norte, durante o mesmo período histórico, os contemporâneos que vivenciaram os mesmos eventos impactantes terão muito em comum.

Pelo menos três são as razões significativas para que as diferenças geracionais não passem de um mito desnorteante (discussão mais abrangente a esse respeito e uma lista mais longa de argumentos podem ser encontradas em MacRae e Furnham, 2017):

1. **Envelhecimento.** Em termos muito simples, o envelhecimento muda as pessoas. As pessoas aprendem, se desenvolvem e mudam com o passar do tempo. Os indivíduos, no todo, tendem a ficar mais experientes, a tornar-se mais disciplinados

e a aprimorar as competências socioemocionais e interpessoais com o passar do tempo. Alguns jovens parecem já ter "crescido", outros por certo crescerão, e outros talvez fiquem congelados no tempo. Melhor explicação é que as pessoas mais jovens tendem a ser mais impulsivas e a levar mais tempo para se ajustar ao ambiente de trabalho. Ao longo dos séculos e em todas as culturas, as pessoas tacham as gerações mais jovens de serem rudes, desrespeitosas e transgressoras compulsivas das normas e padrões – de Sócrates a Dostoiévski (MACRAE; FURNHAM, 2014, 2017). Não se trata de fenômeno geracional; a maioria dos jovens se desenvolve e amadurece na vida de trabalho.

2. **Experiência social.** O mito da diferença geracional presume que a vivência social é o fator mais importante. A verdade, porém, é que evidências aos montes salientam a inteligência, a personalidade, a experiência profissional e outros fatores como previsores de desempenho muito mais eficazes que idade ou geração. Numa entrevista de emprego, separe uma dúzia de pessoas ao acaso, mais ou menos da mesma idade, para logo constatar que seus níveis de desempenho serão muito diferentes. Alguns jovens parecerão reivindicantes, narcisistas, obcecados por mídias sociais, e exibicionistas compulsivos e desregrados. Essa descrição, no entanto, também se aplica a pessoas de todas as gerações.

3. **Fronteiras arbitrárias.** A categorização das diferenças geracionais implica a necessidade de tomar decisões arbitrárias para classificar as pessoas com base na data de nascimento. Poucos são os fundamentos, contudo, para justificar essas datas; elas não passam de aglomerados arbitrários de acontecimentos históricos. É ilógico classificar as pessoas por faixas etárias, da mesma maneira como os historiadores usavam dinastias e reinados para delimitar fases históricas. Duas pessoas nascidas em anos ou até em dias subsequentes, mas em lados opostos de uma fronteira geracional talvez sejam consideradas mais diferentes entre si do que outras duas pessoas com diferença de idade de 15 anos, mas nascidas em datas próximas aos extremos da mesma geração.

Muitos são os livros populares sobre "gerações". Alguns até são leituras divertidas e prazerosas, outros nada mais fazem do que confirmar pressupostos e preconceitos, e ainda outros não passam de oportunistas de modismos. As diferenças geracionais talvez não sejam mais úteis para compreender os trabalhadores do que as datas de nascimento.

Há, sem dúvida, uma indústria de Gerações no Trabalho que se desenvolveu para explorar a tendência. Artigos na mídia, programas de televisão, livros e seminários, especialistas e consultores, todos são agora "geracionistas". Tudo pode ser explicado pelo enquadramento em gerações, e essa é uma das balas mágicas reformuladas e reembaladas.

Assim sendo, o que sabemos sobre as evidências que sustentam a teoria das diferenças geracionais? Não há muito a saber. A teoria é fraca e ilógica. E não há muito a contestar contra o fato de que as pessoas mudam com a idade.

Excesso de generalizações e platitudes organizacionais

A verdade é que as organizações estão mudando. A maneira como as pessoas trabalham está mudando. Sempre foi assim e sempre será assim. Muito do que se escreve sobre diferenças geracionais não passa de recomendações gerais de RH, com nova fórmula e nova marca, e a *buzzword* "Millennials" em destaque para vender os livros. Dicas de negócios como "Explique a visão da empresa", "Ofereça treinamento e desenvolvimento profissional" e "Comunique com clareza as expectativas da função" são bons conselhos para todos os trabalhadores, não só para os *Millennials*. Será que alguém acima de certa idade não precisa saber o que se espera de seu cargo, nem qual é a visão da empresa, e muito menos merece receber treinamento e desenvolvimento profissional?

Os marqueteiros tarimbados de todas as marcas sabem que é fácil reacondicionar conselhos genéricos e então direcioná-los para segmentos específicos. Rotular grupos como *Millennials*, Geração X ou *Baby Boomers* é uma técnica elementar.

Conclusão

Ao contrário de alguns dos mitos deste livro, cujas conclusões são mais ambíguas e duvidosas, não há evidências que apoiem o mito das diferenças geracionais no ambiente de trabalho. Trata-se de lenda inútil que pode ser até nociva. Na melhor das hipóteses, tudo se resume em alguns artigos novidadeiros na grande imprensa, em publicações de negócios e em livros populares, que não causam grande impacto. Na pior das hipóteses, é um *hype* tóxico, por ser incorreto, enganoso e conducente a decisões mal informadas no local de trabalho. Não existem diferenças geracionais significativas no local de trabalho e não faltam fatores muito mais adequados para avaliar as pessoas, como personalidade, inteligência, motivação, competências e experiência.

Referências e leituras complementares

COSTANZA, D. P. *et al.* Generational Differences in Work-Related Variables: A Meta-Analysis. *Journal of Business Psychology*, v. 27, p. 375–94, 2012.

MacRAE, I.; FURNHAM, A. *High Potential:* How to Spot Manage and Develop Talented People at Work. Londres: Bloomsbury, 2014.

MacRAE, I.; FURNHAM, A. *Motivation and Performance*: A Guide to Motivating a Diverse Workforce. Londres: Kogan Page, 2017.

SENIOR, J. Having Trouble Having It All? Ivanka Alone Can Fix It. *New York Times*, 2 maio, 2017. Disponível em: <https://www.nytimes.com/2017/05/02/books/reviewivanka-trump-women-who-work.html?mtrref=www.google.ca&gwh=00412C80D34A51CA3AC2E2940BCED2DF&gwt=pa>.

TRUMP, I. *Women Who Work:* Rewriting the Rules for Success. Uxbridge: Portfolio, 2017.

MITO 22

COLEGAS NÃO DEVEM FORMAR PARES ROMÂNTICOS

Quando muita gente com valores comuns se aglomera em espaços apertados, com objetivos também comuns, não admira que surjam atrações românticas.

Introdução

É adequado que os colegas de trabalho tenham casos amorosos? Pergunte a Bill Clinton ou a John Major, e eles talvez respondam que romances no ambiente de trabalho podem ter consequências graves. No entanto, um estudo americano da Universidade Stanford descobriu que cerca de 20% das pessoas conhecem os cônjuges no trabalho. Na verdade, encontro no trabalho é a terceira maneira mais comum de conhecer o parceiro romântico, superado apenas pelas apresentações por amigos e pelas aproximações em bares, clubes ou restaurantes (ROSENFELD; THOMAS, 2012).

É claro que a situação pode ser problemática, e, como apontam os pesquisadores Pierce e Aguinis (1997) de maneira pouco poética, os romances no ambiente de trabalho compartilham um atributo essencial com um comportamento extremamente indesejável: "Casos amorosos e assédio sexual no ambiente de trabalho têm em comum uma característica fundamental: ambos envolvem um componente erótico entre dois empregados [do mesmo empregador]". Não precisa dizer que este capítulo não trata do tema de assédio sexual. Ao analisarmos a propriedade de "relacionamentos românticos" no ambiente de trabalho, estamos falando de interações totalmente consensuais, que não envolvem abusos de poder ou hierarquia.

Trata-se de um tópico difícil porque, como já mencionamos, cerca de 20% das pessoas conhecem os cônjuges no trabalho (o que implica a probabilidade de ocorrerem mais relacionamentos amorosos no ambiente de trabalho do que indica essa porcentagem, uma vez que nem todos acabarão em casamento). A maioria das pessoas passa parte significativa da vida no trabalho, e é assim que muita gente faz amizades duradouras e, inevitavelmente, constitui vínculos amorosos.

A proibição de romances no escritório é uma abordagem tentadora muito comum. Talvez o departamento de astronomia não tenha permissão para sondar corpos estranhos. O departamento de marketing é expressamente proibido de estabelecer interações fecundas. Cirurgiões cardíacos de modo algum podem auscultar enfermeiras da mesma equipe, mesmo que estejam sofrendo de angina aguda.

Vedações expressas dificilmente esfriam romances e frequentemente até produzem efeitos colaterais afrodisíacos, ao salpicar o condimento da proibição, acrescentar o molho da transgressão, e tudo o mais que exacerba a excitação. Precisa-se, portanto, de uma abordagem mais sutil, além da compreensão de que nem todos os tipos de romances no escritório são iguais – ou equitativos. Analisamos algumas questões relevantes mais adiante, neste capítulo, mas, primeiro, será que realmente é bom ter casos amorosos no trabalho?

O tempero do romance no escritório

Embora sejam óbvias as consequências adversas de casos amorosos no trabalho que não dão certo (amantes despeitados, litígios amargos, queixas de assédio, exploração e abusos de poder, para citar uns poucos), existem algumas vantagens em apaixonar-se – ou luxuriar-se – no trabalho. Pierce e Aguinis (2003) descobriram que as pessoas que se engajavam em romances no escritório tinham níveis mais altos de satisfação no trabalho e de envolvimento com a organização. Essas constatações são compatíveis com as conclusões de que, em geral, melhores relações com os colegas aumentam a satisfação e aprimoram o desempenho no trabalho (ARIANI; EBRAHIMI; SAEEDI, 2011). Outros estudos indicam que políticas mais abertas e menos restritivas em relação a romances na empresa despertam nos trabalhadores a percepção de que o ambiente de trabalho é mais aberto, mais divertido e mais justo (PIERCE; KARL; BREY, 2012).

Ariani e colegas (2011) sugerem que, ao contrário da crença popular sobre os romances no ambiente de trabalho, a maioria começa com boas intenções e objetivos românticos duradouros. Embora muitos namoros no escritório comecem com intenções casuais, insinceras e "utilitárias" (leia "carnais"), eles sugerem que esses casos são a minoria. Na opinião deles, a participação em romances "satisfatórios" no ambiente de trabalho pode impulsionar a satisfação e a produtividade – embora talvez se questione até certo ponto a abrangência com que definem exatamente o que constitui "satisfação".

Desequilíbrios de poder

Os desequilíbrios de poder podem ser um dos fatores mais perniciosos nos romances de escritório. Por isso é que os médicos não podem dormir com os pacientes, nem os advogados com os clientes. Essas regras estão codificadas nas políticas empresariais, mas também nos manuais de ética profissional.

Os namoros entre colegas do mesmo nível na pirâmide organizacional são muito diferentes dos que envolvem indivíduos em diferentes degraus da escala hierárquica. Quando os colegas estão em posição de acenar com vantagens ou de ameaçar com represálias para obter de alguém favores sexuais, os riscos e efeitos adversos são muito ampliados. Colegas no mesmo patamar estão em melhores condições para desenvolver um relacionamento equitativo, com base em atração mútua, em vez de um relacionamento interesseiro, movido por objetivos "utilitários", como descreveram Ariani e colegas (2011).

O problema dos desequilíbrios de poder em relacionamentos românticos é que, ao contrário de muitos namoros fora do ambiente de trabalho, se e quando o romance terminar, os colegas terão de interagir rotineiramente e trabalhar um com o outro. O desequilíbrio de poder amplia a probabilidade de uma das partes explorar o relacionamento para retribuição, retaliação ou assédio. Na hipótese de proibir algum tipo de caso amoroso entre colegas, o mais prudente é adotar políticas contra namoros em que existam desequilíbrios de poder. Daí não se conclui que o CEO jamais desenvolverá um romance venturoso com uma secretária amorosa ou que os médicos nunca se apaixonarão pelos pacientes sob seus cuidados, mas encorajar ou permitir formalmente esses tipos de relacionamento é extremamente imprudente.

Por que os namoros no escritório são tão comuns?

Outra questão a considerar é: se os romances de escritório são desaconselháveis, por que são tão comuns? Duas são as respostas, um tanto simples, a por que as pessoas são atraídas umas pelas outras no trabalho.

Primeiramente, a proximidade ou contiguidade é fator essencial da sedução. Por isso é que geralmente nos apaixonamos pela garota ou garoto da casa ao lado, raramente por alguém de outra cidade ou país. Mesmo com o advento do namoro pela internet, as novas casamenteiras sabem priorizar possíveis pares por proximidade geográfica. A proximidade é importante catalisador de amizades e romances. As pessoas gostam, amam e desejam umas as outras no mesmo andar com mais frequência do que em outras partes no mesmo prédio. As outras pessoas no mesmo prédio, porém, são mais desejáveis que aquelas em outras localidades. Essa proximidade também dá origem a numerosos outros fatores contributivos. É mais fácil conhecer, compreender, gostar e amar as pessoas com as quais interagimos mais frequentemente. A familiaridade, por vezes, acarreta desrespeito e desprezo; porém, é mais provável que suscite intimidade.

O segundo fator importante é a similaridade de valores e atitudes entre as pessoas. Indivíduos mais compatíveis entre si em termos de *status* social, aparência física, personalidade e conquistas profissionais tendem a ser mais atraentes uns para os outros (Greenwood; Guner; Kocharkov, 2014). Estudos sobre atração duradoura e acasalamento mostram que as semelhanças em fatores como valores, educação, idade e vários outros se correlacionam estreitamente com interações românticas bem-sucedidas, felizes e duradouras. Os ambientes de trabalho geralmente reúnem pessoas com renda, interesses, valores e experiências comuns em espaços confinados.

Quando muita gente com valores comuns aglomera-se em espaços apertados, com objetivos também comuns, não admira que surjam atrações românticas.

Três fatores a considerar

Se os namoros no escritório são inevitáveis – e argumentamos que são, – o que fazer? Há quem diga que os relacionamentos íntimos entre colegas são inadequados, pouco profissionais e desaconselháveis. Mas eles não são de todo errados. Embora os relacionamentos positivos e intensos no local de trabalho gerem benefícios, as consequências de namoros no escritório que não dão certo podem ser graves. Deixando de lado vinganças e retaliações, há o tempo perdido com encontros inoportunos e escandalosos. Ou pode-se desperdiçar energia na tentativa de ocultar casos amorosos secretos, tornando-se contraproducente e ineficiente. A esse respeito, vale destacar três considerações importantes.

Primeiro, as políticas da empresa devem admitir os romances no escritório, mas de maneira ponderada e madura. Algumas organizações considerarão essas situações absolutamente inadmissíveis. Guardas de presídios não devem, de modo algum e por razão absolutamente alguma, ter ligações românticas com detentos(as). Intimidades entre pessoas da biblioteca, porém, não são o fim do mundo – desde que não façam muito barulho. Quanto mais impróprios forem os relacionamentos românticos dentro da cultura organizacional, maiores serão as dificuldades.

A segunda questão importante é a qualidade do relacionamento. Um relacionamento romântico forte, saudável e justo entre colegas pode melhorar o moral e tornar o local de trabalho mais agradável. Pressionar ou estressar o relacionamento torna as coisas mais difíceis para as pessoas envolvidas.

A terceira questão envolve os desequilíbrios de poder e a insatisfação daí resultante para outros trabalhadores fora do relacionamento. Quando as interações românticas acarretam favoritismo ou vantagens injustas, os outros se sentirão natural e devidamente desmotivados e desrespeitados. O nepotismo é facilmente reconhecido por outras pessoas na organização e pode desengajar a maioria dos trabalhadores. Não raro também gera forte ressentimento em relação aos beneficiários do favoritismo.

Conclusão

Os relacionamentos românticos continuarão a desabrochar entre colegas de trabalho, e as empresas não podem fazer nada a respeito.

Normas draconianas geralmente são fontes de fofoca, rumores, maledicências, intrigas e difamações. As políticas empresariais não podem eliminar os envolvimentos amorosos no ambiente de trabalho. Iniciativas abertas e adultas podem reconhecer que os relacionamentos acontecem e definir os que são aceitáveis e os que são inadequados. Os empregadores não podem garantir que os casos amorosos sejam felizes, mas devem proibir expressamente aproximações sexuais que envolvam constrangimento, traçando uma linha nítida contra o assédio no ambiente de trabalho, deixando claro que aproveitar-se de superioridade ou ascendência funcional para obter vantagem ou favorecimento sexual é delito grave.

Referências

ARIANI, M. G.; EBRAHIMI, S. S.; SAEEDI, A. Managing Workplace Romance: A Headache for Human Resource Leaders. *International Proceedings of Economics Development and Research,* v. 19, 2011.

GREENWOOD, J.; GUNER, N.; KOCHARKOV, G. S. Marry Your Like: Assortative Mating and Income Inequality. *The American Economic Review*, v. 104, n. 5, 2014.

PIERCE, C. A.; AGUINIS, H. Bridging the Gap between Romantic Relationships and Sexual Harassment in Organizations. *Journal of Organizational Behavior*, v. 18, p. 197–200, 1997.

PIERCE, C. A.; AGUINIS, H. Romantic Relationships in Organizations: A Test of Model Formation and Impact Factors. *Management Research*, v. 1, n. 2, p. 161–69, 2003.

PIERCE, C. A.; KARL, K. A.; BREY, E. T. Role of Workplace Romance Policies and Procedures on Job Pursuit Intentions. *Journal of Managerial Psychology*, v. 27, n. 3, p. 237–63, 2012.

ROSENFELD, M. J.; THOMAS, R. J. Searching for a Mate: The Rise of the Internet as a Social Intermediary. *American Sociological Review*, v. 77, n. 4, p. 523, 2012.

MITO 23
ENSINAR E TREINAR SÃO A MESMA COISA

O gestor inexperiente pode responder, sob pressão, de maneira diferente da que deveria. O treinamento, a prática e a experiência, porém, ajudam a reagir em situações críticas e a tomar melhores decisões no futuro.

Introdução

Alguns gestores entendem que treinar e ensinar são basicamente a mesma coisa. Sob essa abordagem, o treinamento nada seria mais do que transmitir conhecimento, e todo o material de treinamento estaria disponível em compêndios e em manuais de campo. No entanto, os dois processos não devem ser confundidos. As diferenças são fundamentais e sempre é bom levá-las em conta.

Ensinar
- Transmitir conhecimento ou instruir (alguém) a fazer alguma coisa.
- Dar informações ou diretrizes sobre um assunto ou uma competência.

> Treinar
> - Preparar (uma pessoa ou animal) para o desenvolvimento e a aplicação de competências e comportamentos, por meio de instrução e prática contínuas e persistentes.
> - Desenvolver e aplicar competências e comportamentos por meio do aprendizado e aplicação de conhecimento e destreza.
> - Cultivar e aprimorar habilidades mentais e físicas, mediante exercícios teóricos e práticos contínuos.

A principal diferença é que o treinamento envolve aplicações práticas de competências, por meio do exercício contínuo do conhecimento e da destreza. Também reside no espírito e na intenção da atividade. O ensino é mais teórico e abstrato. Por exemplo, ensinar em contexto acadêmico envolve explicar e incutir a teoria e os conceitos, sem necessidade de aplicá-los. Os professores querem que os alunos compreendam e apreendam a teoria e os conceitos que facilitam a retenção.

Isso não significa dizer que abordagens mais abstratas sempre sejam problemáticas, só que as intenções de ensinar e treinar não são as mesmas. O conhecimento e a compreensão de um tópico pode ser excelente precursor do treinamento, e, em alguns casos, esse conhecimento pode ser aplicado em muitas áreas diferentes. Por exemplo, aprender matemática talvez pareça tarefa abstrata e desagradável na escola. O conhecimento assim adquirido, porém, será útil mais tarde, em quase todos os aspectos do trabalho, como vendas, finanças, contabilidade, fabricação e outras, além de ser útil em aspectos do dia a dia, como repartir a conta do restaurante e dar gorjeta. Mas a distinção entre ensinar e treinar é importante.

Uma breve nota para esclarecimento

Alguém poderia argumentar que o bom ensino envolve prática, e os professores geralmente prescrevem exercícios para melhorar o aprendizado dos alunos. Para os propósitos deste capítulo, usaremos o termo "ensino" para denotar métodos mais abstratos e o termo "treinamento" para designar abordagens mais práticas. Daí não se deve concluir que os dois métodos não podem ser conjugados, mas o ponto que salientamos neste capítulo é a importância do treinamento prático no local de trabalho. Ensino e treinamento podem muito bem ter certo grau de sobreposição ou imbricação, mas o fosso entre os dois, em muitos casos, continua grande.

Diferenças entre ensinar e treinar

No local de trabalho, o treinamento tende a ser prático, do tipo mão na massa. Os trabalhadores, por exemplo, podem aprender alguma teoria nos cursos de graduação e pós-graduação, mas o treinamento na função decorre do trabalho com outras pessoas e da prática de competências. Todo gestor experiente sabe que as teorias de negócios, os modelos heurísticos e o conhecimento básico podem ser rapidamente abandonados diante da realidade e da complexidade do ambiente de trabalho. E isso se aplica à maioria dos tipos de trabalho. Em vendas, por exemplo, um argumento de vendas ensaiado pode ser útil, mas essa utilidade é limitada quando se tenta vender a muitos tipos diferentes de pessoas.

Ensinar a alunos e trabalhadores é importante porque facilita a compreensão de conceitos que podem ser úteis no local de trabalho, embora nem sempre se apliquem a situações específicas. Advogados, dentistas, psicólogos e contadores aprendem disciplinas e temáticas gerais, conscientes de que no exercício da profissão optarão por diferentes tipos de especialidades e práticas. Os políticos tendem a estudar filosofia, política e economia, embora saibam que se afiliarão a diferentes partidos, com ideologias diversas e programas distintos. Conceitos abstratos de disciplinas teóricas tendem a ser úteis quando são abrangentes e aplicáveis em muitos contextos diferentes.

Importantes diferenças entre ensinar e treinar são o horizonte temporal e o ponto de vista. Os acadêmicos adotam horizontes temporais mais longos e evitam se precipitar. Muitos deles resistem aos prazos apertados mais comuns no ambiente de trabalho e tendem a ser mais tolerantes quando os alunos não cumprem os prazos, inclusive porque as consequências são menos graves que no ambiente de trabalho. O aluno que se atrasa uma semana na apresentação de um ensaio ou na conclusão de um projeto acarreta problemas muito menos graves do que a equipe que não cumpre prazos contratuais para a entrega de bens ou serviços aos clientes, não raro acarretando graves consequências para a empresa, como o pagamento de multas e até a perda do cliente. O descumprimento do prazo de entrega de uma proposta tende a eliminar a empresa da tomada de preços, concorrência ou licitação. Em um hospital, atrasos de um dia ou até de horas ou menos podem ser a diferença entre vida e morte. Portanto, o treinamento deve envolver os aspectos práticos e rotineiros do trabalho.

Outro aspecto importante é que os estudantes tendem a ser relativamente automotivados e independentes. Dispõem de instalações e recursos como computadores e bibliotecas, software, conselheiros e listas de leitura, mas geralmente compete ao aluno decidir quanto tempo e esforço dedicará às atividades escolares. Essas características também são comuns em alguns locais de trabalho, mas, em geral, os trabalhadores estão sujeitos a mais supervisão e controle, além de se submeterem a especificações mais rígidas de horário de trabalho e de nível de desempenho. Certos estabelecimentos de ensino pagos às vezes impõem aos alunos regimes mais tolerantes e avaliações menos rigorosas. No trabalho, os empregadores geralmente são mais exigentes e demitem os trabalhadores que não cumprem os padrões de desempenho.

Tabela 23.1: Diferenças entre ensino e treinamento

	ENSINAR ALUNOS	**TREINAR GESTORES**
MÉTODO	Teórico/abstrato	Prático/concreto
OBJETIVO	Compreensão	Execução
ABRANGÊNCIA	Genérico	Específico
HORIZONTE TEMPORAL	Longo prazo, ilimitado	Curto prazo, imediato
RECURSOS	Autoiniciativa	Fornecido
TOM	Crítico/cético	Entusiástico/zeloso
MEIO	Verbal/discursivo	Diagramático/modelado
VALORES	Conteúdo	Estilo

Ensinar é tipicamente um processo verbal a exigir que os alunos leiam e pesquisem por iniciativa própria e conforme suas disponibilidades de tempo. Consiste em transmitir conhecimentos a serem usados em outras oportunidades e para outros propósitos. Não estamos sugerindo que teorias, diagramas e modelos abstratos não sejam úteis; esses recursos servem para ilustrar considerações e facilitar a compreensão. No entanto, tendem a ser menos úteis no ambiente de trabalho, sob restrições de tempo e de recursos. Os acadêmicos tendem a compreender e a explicar processos e sistemas subjacentes.

Essas teorias, porém, nem sempre são aplicáveis diretamente a situações específicas e imprevisíveis muito comuns no trabalho.

Os benefícios do treinamento

Os treinadores de empresas tendem a ser um pouco mais exibicionistas do que os acadêmicos. O panfleto espalhafatoso, a frase de efeito inteligente e o material de treinamento atraente são mais vistosos e tendem a vender melhor do que os compêndios. Esses treinadores profissionais costumam fazer apresentações atraentes, elucidativas e convincentes, quase sempre com ótima programação visual, além de fornecerem explicações simples para questões complexas – com o propósito específico de atrair clientes. Muita gente está cansada de treinadores profissionais, porque alguns deles recorrem a artifícios de vendas, para iludir os clientes quanto ao conteúdo do treinamento. Daí a importância de distinguir entre a aparência e a substância do treinamento. Nessas circunstâncias, o conhecimento básico oriundo da educação formal é de extrema importância.

Os professores mais céticos e convencionais geralmente criticam o treinamento prático e imediato ao atribuir-lhe mais aparato do que substrato. Essas manifestações não devem ser exploradas como crítica contumaz ao processo de treinamento em si, mas serve para enfatizar a importância de ir além da aparência e analisar o conteúdo das propostas. Também é óbvio que muitos acadêmicos invejam os altos honorários de certos palestrantes e apresentadores, que atraem muito mais pelo espetáculo do que pela mensagem. A verdade, porém, é que esses acadêmicos enfrentam o problema oposto de entregar muito substrato com pouco aparato. Uma preleção insípida, com muitas anotações insossas em PowerPoint, apresentadas com um discurso empolado e monocórdio é pouco cativante e convincente. Um dos aspectos importantes a lembrar sobre o treinamento é que, quando é memorável e divertido, os treinandos aprendem mais e se engajam mais. Por mais brilhante que seja o conteúdo, porém, ele pode ser preterido e ignorado, se o treinador fizer uma apresentação enfadonha e sonolenta. Estilo e conteúdo são ambos importantes – mas só quando estão juntos.

O bom treinamento é valioso quando leva para o mundo real o que se aprende na escola. Em algumas profissões, como pilotos e bombeiros, praticam-se muitos exercícios e simulações para condicionar as pessoas a reagir em situações reais. Na maioria dos tipos de trabalho, quando as pessoas estão despreparadas e entram em pânico, elas esquecem tudo o que aprenderam. Saber o que fazer numa emergência é muito diferente de efetivamente fazer o que deve ser feito numa emergência. A prática e o treinamento, contudo, condicionam a pessoa a reagir em estado de fluxo, ou seja, em imersão plena e domínio total.

Tudo isso se aplica à maioria dos trabalhos. Os gestores, por exemplo, enfrentam muitas situações diferentes para as quais não foram devidamente preparados pelo ensino. Conflitos interpessoais e questões de desempenho dos trabalhadores manifestam-se sob muitas formas diferentes. O gestor inexperiente pode responder, sob pressão, de maneira diferente da recomendada. O treinamento, a prática e a experiência, porém, ajudam a reagir em situações críticas e a tomar melhores decisões no futuro.

Conclusão

Há quem diga que ensino e treinamento são processos idênticos, sustentando que o ensino de qualidade envolve os aspectos práticos que atribuímos ao treinamento; no que não estão certos, tratando-se, no caso, de mera questão de semântica. Adotar uma abordagem diferente, porém, é um bom ponto de partida para analisar a diferença entre aprendizado abstrato e aplicado.

Ainda existe um fosso entre os dois processos e em muitos casos enfatiza-se a distinção para argumentar que um é melhor que o outro. Os acadêmicos gostam de arrazoar que o treinamento "prático" perde a visão do panorama geral ou de sustentar que não se trata de "teoria fundamentada". Os treinadores no local de trabalho, por outro lado, preferem sustentar que os acadêmicos não compreendem as realidades da vida real e que a teoria nem sempre é factível e se converte em ação. Ambos os argumentos têm forte cheiro de verdade. O fato é que ensinar e treinar são dois processos valiosos, mas são ferramentas diferentes que se prestam a propósitos diferentes – nenhuma delas deve ser descartada.

Leituras complementares

MacRAE, I.; FURNHAM, A. *High Potential:* How to Spot Manage and Develop Talented People at Work. Londres: Bloomsbury, 2014.

POLLICE, G. Teaching vs Training. *IBM DeveloperWorks,* 2003. Disponível em: <https://www.ibm.com/developerworks/rational/library/3810.html>.

MITO 24
AS AVALIAÇÕES ANUAIS SÃO A MELHOR MANEIRA DE MEDIR O DESEMPENHO

As avaliações anuais do desempenho podem ser ferramentas úteis quando bem conduzidas, mas só isso não é suficiente.

Introdução

A avaliação anual é o trivial simples de RH. Também pode ser denominada revisão da performance ou avaliação do desempenho. Às vezes, é reembalada como "análise do desenvolvimento da carreira". Uma vez por ano, a administração ou recursos humanos conduz uma análise completa do desempenho da pessoa nos 12 meses anteriores. Geralmente, também é uma oportunidade para conversar sobre o futuro do trabalhador, assim como sobre seu desempenho no passado.

É uma ferramenta útil para discutir os objetivos e resultados, além de problemas e dificuldades que a pessoa esteja enfrentando. Ajuda a maioria dos empregados a ter certo grau de certeza e regularidade no trabalho; os trabalhadores que conhecem as expectativas de desempenho e os resultados do trabalho são mais capazes de corresponder ao que se espera deles.

Também é uma boa oportunidade para definir objetivos de curto e longo prazo para os próximos 12 meses ou mais. Talvez seja o momento de conversar sobre as ambições de carreira do indivíduo e sobre oportunidades de participar de processos seletivos internos, de enriquecimento ou ampliação da função e de outras oportunidades de desenvolvimento.

As avaliações anuais são uma maneira útil de medir o desempenho e por certo não há razão para abandoná-las inteiramente, desde que estejam sendo bem conduzidas. As avaliações anuais, porém, raramente medem adequadamente o desempenho. É irrealista tentar repassar o desempenho durante todo o ano em entrevistas de 30 a 60 minutos.

Primeiramente, vamos esmiuçar a suposição de que as avaliações anuais são bem conduzidas, e ver como elas podem dar errado. Depois, daremos algumas dicas sobre como avaliar o desempenho com mais eficácia e considerar algumas maneiras de melhorar o processo.

Avaliações do desempenho *versus* inspeções

Quando bem conduzida, a gestão do desempenho pode ser uma enorme vantagem para a empresa. Trabalhadores bem gerenciados e motivados são mais felizes, mais produtivos e mais eficazes. Os maus gestores são, na melhor das hipóteses, desmotivadores e, no pior dos casos, fatores de ressentimento na organização, a ponto de levar as pessoas a se tornarem denunciantes e sabotadoras.

A avaliação do desempenho deve ser um diálogo – uma conversa de mão dupla, em que as duas partes têm oportunidade de falar com abertura e honestidade. Quando a avaliação do desempenho é um processo de cima para baixo, em que o gestor ou o profissional de RH instrui e o trabalhador só ouve, não é uma avaliação do desempenho, é mais uma inspeção.

Em *Motivation and Performance: A Guide to Motivating a Diverse Workforce*, MacRae e Furnham (2017) comparam esses tipos de avaliações com inspeções no estilo do Politburo. O trabalhador deve ser um modelo de virtude, que se apruma diante do grande líder, sorri e exalta as virtudes da organização, do chefe e de si mesmo. Não se trata de prática apenas inadequada para a avaliação do desempenho, é também perniciosa e inoportuna.

Primeiramente, pode ser deprimente para o moral dos empregados. Em vez de ser uma oportunidade para conversar sobre desempenho, objetivos, desafios e oportunidades, funciona mais como uma ostentação de talentos. Os trabalhadores darão o melhor de si e se desdobrarão no exercício da função dias ou semanas antes da avaliação do desempenho.

O segundo problema é ser oportunidade perdida para os gestores, para RH e para quem estiver conduzindo o processo, em que se deveria confirmar o que está correndo bem, sondar os problemas reais no ambiente de trabalho e, acima de tudo, ter um diálogo sincero e produtivo. A avaliação do desempenho é o momento mais adequado para conversar sobre o desempenho do trabalhador e para se aprofundar sobre os acontecimentos na equipe, no departamento e no ambiente de trabalho. O que está correspondendo às expectativas? O que pode ser aprimorado e não é visível aos olhos de águia da liderança sênior? A importância de assumir a perspectiva e de captar os *insights* do trabalhador é inestimável.

Os benefícios são notórios, mas fazer nem sempre é fácil. Para dar respostas sinceras e honestas, o trabalhador precisa sentir que o interlocutor escuta com atenção, engaja-se no diálogo e faz perguntas pertinentes e instigantes, além de preservar a privacidade e a confidencialidade das informações. O interlocutor também precisa fazer o acompanhamento das questões suscitadas e ser autêntico e realista quanto às propostas e soluções. As pessoas perdem a confiança e a motivação quando as promessas não são cumpridas.

Reflita sobre este exemplo real de um CEO de uma grande instituição financeira que fazia visitas regulares a diferentes unidades da empresa com alguns membros da equipe de liderança sênior. Não eram inspeções no estilo das aldeias cenográficas Potenkim, que recepcionaram a imperatriz Catarina II, da Rússia, durante sua visita à Crimeia, em 1787, mas sim experiências genuínas baseadas na consciência objetiva e na certeza inequívoca de que numa grande empresa a alta administração não tem percepções realistas de toda a organização, e que nada substitui a perspectiva dos trabalhadores no próprio ambiente de trabalho. Nessas visitas, o CEO e outros líderes seniores conversavam ao acaso com alguns trabalhadores para captar a realidade local, do escritório, da fábrica ou de qualquer unidade descentralizada. Não era mero cerimonial simbólico, mas uma atitude autêntica, que se fazia acompanhar de soluções e incentivos. Como melhorar as operações e aumentar a eficácia? Se aproveitarmos a sua ideia e ela produzir resultados, você participará dos lucros.

Não faltam oportunidades criativas e engenhosas para a administração monitorar e melhorar o desempenho real.

Avaliações do desempenho e checagens informais

As avaliações anuais podem ser ferramentas úteis, quando bem conduzidas, para oferecer uma visão geral do desempenho do trabalhador, mas são infrequentes demais para detectar grande parte das oscilações do desempenho e para captar com amplitude e profundidade a performance regular do trabalhador, que tende a variar ao longo de um período tão longo.

Obviamente, uma solução para esse problema é aumentar a frequência das avaliações do desempenho. Checagens semestrais ou até trimestrais talvez reflitam com mais nitidez o desempenho real e suas variações. É claro que isso pode aumentar a carga de trabalho e agravar a burocracia crescente de RH. Uma solução é manter a amplitude e a profundidade da avaliação de desempenho anual e introduzir algumas checagens intermediárias mais breves, mais focadas e mais superficiais.

Como se sabe, a documentação e o registro são partes importantes da avaliação do desempenho. Reduzir a papelada, porém, sempre é uma maneira de economizar tempo e dinheiro. Soluções digitais também podem simplificar e dinamizar o processo, além de facilitar a análise e o armazenamento das informações.

Checagens e conversas mais informais e oportunas sempre são proveitosas e esclarecedoras. MacRae e Furnham (2017) dão o exemplo da gerente de um pequeno escritório com cerca de 20 pessoas. Todas as manhãs ela percorria o escritório e tinha uma conversa rápida com alguns trabalhadores. Eram bate-papos de apenas alguns minutos; umas poucas perguntas sobre o que estava acontecendo, o que ela estava fazendo, como iam as coisas em casa, etc. Na verdade, era uma checagem informal e rápida, mas eficaz e produtiva, disfarçada como conversa fiada.

Esse tipo de checagem talvez não seja viável em todos os lugares, mas pode ser adaptado, de várias maneiras, a diferentes organizações. Alguns profissionais de RH mais argutos têm plena consciência de como os proverbiais bate-papos na hora do café podem ser ótimas formas de obter informações de maneira informal. Muita gente se deixa intimidar pelas avaliações de desempenho oficiais, mas mostram-se expansivas e descontraídas nos ambientes informais.

Não estamos dizendo com isso que as checagens informais substituem o processo formal de avaliações do desempenho regulares. Trata-se de meios complementares e suplementares. Podem ajudar a identificar questões do dia a dia e a perceber problemas em formação, antes de se manifestarem em plenitude. Também reforça a ideia de que o gestor ou o líder sempre está interessado na rotina diária e aberto à realidade cotidiana do local de trabalho, não apenas durante as temporadas de avaliações e recompensas.

Reiteramos várias vezes que as avaliações do desempenho regulares são úteis quando bem-feitas. Quando malfeitas, são na melhor das hipóteses desperdício de recursos e, na pior das hipóteses, grave redutor da produtividade. Eis sete pontos importantes para melhorar a qualidade das avaliações do desempenho. Em seguida, oferecemos alguns conselhos aos trabalhadores que estão sendo avaliados.

Sete pontos sobre mensuração e sistemas de avaliação do desempenho

1. **Nem sempre são bem-feitas.** Gestores inexperientes e despreparados relutam em dar notas baixas aos avaliados. As avaliações do desempenho podem ser difíceis e delicadas, sobretudo quando envolvem questões mais controversas e subjetivas. Se todos os avaliados receberem 4 ou 5 numa escala de 5, o processo será pouco proveitoso e esclarecedor. A tendência é a avaliação seguir espontaneamente uma distribuição normal na escala de 1 a 5, embora não se deva incidir no erro de impor uma distribuição forçada.

2. **O bom desempenho deve ser recompensado.** Remuneração, benefícios e bônus devem ter uma ligação clara com o nível de desempenho. O *feedback* do dia a dia não precisa ter uma associação explícita com recompensas, mas a visão geral deve incluir objetivos de desempenho que definam quem é recompensado pelo que e como.

3. **A contribuição ou o envolvimento dos trabalhadores é importante.** Às vezes, é difícil alcançar o equilíbrio certo entre consultar os trabalhadores ou importunar os trabalhadores. No entanto, quando os trabalhadores consideram irrelevantes ou inadequados os critérios da avaliação do desempenho ou não participam ativamente do processo, os resultados tendem a ser menos proveitosos. Quando é difícil comparar o

desempenho entre áreas e funções, se as equipes puderem sugerir os próprios critérios do que consideram desempenho ótimo, as pessoas por certo se sentirão mais engajadas e serão capazes de oferecer *insights* úteis.

4. **Combine *feedback* espontâneo com avaliações estruturadas.** Como já comentamos, as avaliações periódicas e o *feedback* informal, no dia a dia, são importantes. As avaliações anuais às vezes induzem as pessoas a melhorar o desempenho às vésperas da entrevista. Os assuntos mais gerais podem ser reservados para a avaliação anual ou semestral, enquanto as checagens rotineiras devem ser espontâneas e oportunas, à medida que surgem as situações.

5. **As regras aplicam-se igualmente a todos.** Se alguns grupos são avaliados com rigor e outros, como a administração, nem sempre são avaliados, daí resulta a percepção de injustiça e favorecimento. Todos os grupos devem participar, de maneira mais ou menos intensa, do sistema de avaliação do desempenho, com recompensas e benefícios claramente associados aos resultados. Os critérios de avaliação podem ser flexíveis, dependendo da função, mas devem se aplicar a todos na organização.

6. **Considere o desempenho de grupo e o desempenho individual.** Se focar exclusivamente no indivíduo, o sistema de gestão do desempenho pode ser prejudicial para a equipe ou grupo. O processo deve envolver os indivíduos e as equipes e grupos, de preferência com recompensas que contemplem ambas as abordagens. Empenhe-se em recompensar os comportamentos a serem encorajados.

7. **As escalas de avaliação devem ser definidas e padronizadas com clareza.** Os graus das escalas de avaliação precisam descrever de maneira clara e inequívoca o nível e tipo de desempenho. 1) desempenho insatisfatório; 2) desempenho satisfatório, a ser melhorado; 3) desempenho satisfatório; 4) desempenho acima da média; 5) desempenho excelente. Os avaliadores precisam interpretar da mesma maneira essas descrições, com fronteiras igualmente bem definidas. Estipule que número representa a fronteira entre desempenho aceitável e não aceitável.

Há sempre uma análise custo-benefício a ser considerada nas avaliações do desempenho. Sua frequência e abrangência provavelmente terão consequências orçamentárias. As checagens regulares e informais são demoradas e nem sempre parecem prioritárias. Não se esqueça, porém, do custo de errar.

A avaliação do desempenho, como, em geral, qualquer medição, só é útil e eficaz quando bem-feita. Quando malfeita, é desperdício de tempo e recursos, além de desmotivar exatamente as pessoas cujo desempenho deveria melhorar. Quando conduzida da maneira certa, pode ser um grande trunfo para a organização.

Conselho aos trabalhadores para extrair o máximo das avaliações do desempenho

Não são apenas os gestores e os profissionais de RH que precisam tirar o máximo proveito das avaliações do desempenho. A responsabilidade recai igualmente sobre a ponta receptora do processo, ou seja, quem está sendo avaliado. Os trabalhadores devem estar preparados e prontos para prestar as informações mais eficazes durante a entrevista de avaliação do desempenho e para refletir em profundidade sobre como extrair daí o máximo proveito. Eis quatro recomendações para os indivíduos na ponta receptora:

1. **Lembre-se de seus próprios objetivos de carreira.** Quando as avaliações do desempenho são bem-feitas, elas devem ser mutuamente benéficas para o avaliador e para o avaliado. Normalmente, o avaliador terá em mente um conjunto de critérios de avaliação e de comportamentos desejáveis, que serão mais flexíveis e abertos em algumas organizações e mais rigorosos e fechados em outras.

    Empregadores, gestores e profissionais de RH devem saber o que esperam dos trabalhadores e que desempenho querem medir. Os trabalhadores, porém, talvez sejam menos cuidadosos e atentos, embora estejam na ponta receptora. Esforce-se para cumprir os padrões de desempenho e compareça à avaliação do desempenho consciente de suas competências e objetivos de carreira, e preparado para explicá-los e analisá-los.

2. **Encontre valor.** As avaliações do desempenho podem parecer tediosas, inúteis ou meras formalidades. Além disso, nem todos

os empregadores fazem avaliações do desempenho. Todavia, como na maioria das situações de trabalho, o relevante é o que e como você faz. Observando os outros pontos dessas observações, estando preparado e lembrando-se dos seus objetivos de carreira, você pode contribuir mais para as avaliações do desempenho e, assim se espera, extrair mais do processo.

Mesmo que a avaliação do desempenho seja dispersa e mal estruturada, encare-a como uma oportunidade para analisar os componentes do próprio desempenho e em que aspectos você mais se destaca. Talvez seja possível definir alguns dos seus critérios de avaliação do desempenho e salientar seus pontos fortes no trabalho.

3. **Esteja preparado.** Vá para a avaliação do desempenho considerando a sua performance durante todo o período coberto pelo processo. Faça anotações sobre o próprio desempenho no trabalho e enfatize situações e projetos em que os seus resultados foram especialmente bons. Mesmo que o seu avaliador não esteja preparado, aproveite a oportunidade para focar no melhor trabalho que você já fez.

    Maneje a avaliação do desempenho da mesma maneira como você manejaria uma entrevista de emprego. Esteja preparado para destacar suas realizações e discutir seus objetivos de carreira. Se você tiver preocupações ou reclamações, esteja pronto para discuti-las de maneira construtiva. Se você tiver problemas a abordar, pense nas soluções a serem propostas e quais são os resultados desejáveis para você. Além de salientar as suas realizações, o simples fato de estar bem preparado envia sinais encorajadores para os avaliadores.

4. **Seja proativo ao receber *feedback*.** Nem todos os empregadores são proativos ou pontuais em relação às avaliações do desempenho. Se você estiver às vésperas de ser avaliado, lembre ao gerente ou avaliador que está chegando a hora da sua avaliação e o ajude a programá-la.

Se seu desempenho for bom e você tiver objetivos de carreira, você terá mais a perder se a avaliação do desempenho não for realizada.

Ela pode ser ótima oportunidade para discutir seu desempenho e seus objetivos. É uma chance que não deve ser desperdiçada.

Conclusão

É difícil dizer que as avaliações anuais são o melhor método, mas este capítulo não está argumentando que o processo não é bom. Durante anos, os círculos de RH têm discutido se as avaliações anuais são ou devem ser coisa ultrapassada (MITCHELL, 2014; RUSHMORE, 2017).

Sustentamos que as avaliações anuais ainda são úteis, embora precisem ser retrofitadas. Não é hora de enterrar a avaliação do desempenho anual; nada, porém, seria mais oportuno do que acrescentar alguns complementos para aumentar sua utilidade.

Referências e leituras complementares

MacRAE, I.; FURNHAM, A. *High Potential:* How to Spot Manage and Develop Talented People at Work. Londres: Bloomsbury, 2014.

MacRAE, I.; FURNHAM, A. *Motivation and Performance*: A Guide to Motivating a Diverse Workforce. Londres: Kogan Page, 2017.

MITCHELL, L. Are Annual Appraisals Losing Impact? *HRMagazine,* 25 nov. 2014. Disponível em: <http://www.hrmagazine.co.uk/article-details/are-annual-appraisals-losing-impact>.

RUSHMORE, K. Annual Appraisals – Good, Bad or Just Ugly? *Personnel Today,* 1 fev. 2017. Disponível em: <http://www.personneltoday.com/hr/annual-appraisals-good-bad-just-ugly/>.

MITO 25
OS MELHORES EXECUTORES SEMPRE DÃO ÓTIMOS GESTORES

Nada garante que um top performer *em qualquer função venha a ser naturalmente um bom gestor ou líder.*

Introdução

Mito comum no local de trabalho, implícito em muitas das práticas dos departamentos de recursos humanos, é o de que o trabalhador de alto desempenho é o candidato mais indicado para funções gerenciais ou de liderança. Esse é um assunto que desperta grande interesse, por parte não só de trabalhadores ambiciosos, mas também de selecionadores cuidadosos. Numerosas são as teorias sobre o que torna as pessoas bem-sucedidas; muitas partem do pressuposto de que o desempenho notável numa função se converterá em desempenho equivalente em outra função.

É comum na maioria dos ambientes de trabalho e tipos de funções que um trabalhador de alto desempenho seja promovido de um cargo técnico ou especializado para uma posição de gestão ou liderança. O problema aqui pode ser descrito como Ilusão do Desempenho (MacRAE; Furnham, 2014, 2017). É um erro que ocorre quando se promove um trabalhador, assumindo que competências técnicas ou especializadas numa função naturalmente se converterão em competências completamente diferentes, como de gestão e liderança. Esse é um problema persistente no local de trabalho, principalmente para recursos humanos.

Quem é preparado ou treinado para determinada posição tende a dedicar muito tempo e energia para dominar determinadas competências, suscetíveis ou insuscetíveis de serem transferidas para uma função de liderança. Nada garante que a enfermeira de alto desempenho será a melhor enfermeira-chefe; nada assegura que a professora mais bem-sucedida será a melhor diretora de escola. As carreiras de liderança requerem competências fundamentalmente diferentes do domínio de determinada especialidade (MacRAE; FURNHAM, 2014). Não passa de mito comum a expectativa de que o *top performer* em um tipo de trabalho deve ser recompensado com uma promoção para um cargo de liderança. A verdade é que, sem o processo adequado de treinamento e desenvolvimento de competências, essa promoção, em vez de recompensa, pode ser a via expressa para a desmotivação, o transvio e o fracasso.

Peter e Hull (1994) descrevem o Princípio de Peter, segundo o qual as pessoas competentes tendem a ser promovidas até o nível de incompetência. "O trabalho é realizado pelos trabalhadores que ainda não atingiram o nível de incompetência" (PETER; HULL, 1994).

Esse é um problema que ocorre com frequência em todos os tipos de funções, mas, sobretudo, em cargos especializados. A pessoa pode ser qualificada, motivada e competente em determinado tipo de trabalho e não em outro. Por isso, é essencial fazer a distinção entre competências de maestria e competências de liderança.

Liderança *versus* maestria

É possível distinguir entre dois tipos essencialmente diferentes de trajetórias de carreira. Os caminhos da carreira de *maestria* envolvem tornar-se um especialista em determinado campo. Os advogados e médicos passam a vida "praticando" a profissão. Os engenheiros e técnicos podem passar toda a carreira tornando-se melhores engenheiros e técnicos. Eles desenvolvem suas competências e conhecimentos e ganham experiência em como exercer suas funções cada vez melhor.

Os caminhos da carreira de *liderança* são fundamentalmente diferentes, pois envolvem liderar outras pessoas, influenciando-as e desenvolvendo relacionamentos. Embora as competências de maestria possam ser úteis na gestão e liderança de outras pessoas, o líder poucas vezes ou nunca usa essas competências. Bons técnicos podem ser péssimos gestores, quando não têm experiência, capacidade e competências de liderança. Promover o técnico de alto desempenho além do seu nível de competência como gestor geralmente resulta em perder o melhor técnico em troca do pior gestor (MacRAE; Furnham, 2014).

O problema surge quando o sucesso na carreira é representado por uma escada, com a posição gerencial no topo, como recompensa implícita pelo alto desempenho. Se, porém, alguém é bom na função e gosta do trabalho, será que a pessoa realmente quer passar o resto da carreira supervisionando o trabalho alheio? A Tabela 25.1 explica a diferença entre os tipos de foco da maestria e da liderança. É fundamental distinguir as duas funções, em especial para responder à pergunta sobre se os *high achievers* podem se tornar ótimos gestores. Realisticamente, os trabalhadores de alto desempenho talvez tenham o potencial para ser grandes gestores ou líderes, mas eles, por certo, precisarão desenvolver todo um novo conjunto de competências.

A pergunta realmente deve ser: "Como identificar gestores potenciais?". A resposta é que os requisitos são basicamente três: capacidade, motivação e reputação. Todos os três são necessários em doses variadas, dependendo da organização e do nível de senioridade.

Tabela 25.1: Liderança *versus* maestria

MAESTRIA	LIDERANÇA
Maestria significa fazer bem um trabalho específico.	Liderança requer boa "capacidade de relacionamento".
"Os fatores-chave são: ... base de conhecimento altamente avançada, construída sobre experiência ampla e variada, e alicerçada no exercício contínuo de uma especialidade; e um conjunto de comportamentos, atividades e processos" (Burke; DePoy, 1991).	"Liderança requer, mais do que o indivíduo em si, o exercício pelo indivíduo de influência sobre outros indivíduos" (Burke; DePoy, 1991).

Capacidade

O tipo específico de capacidade varia em função da empresa e do setor ocupacional, mas é claro que a capacidade para executar o trabalho bem feito é componente essencial. Em liderança, isso significa cultivar ou desenvolver competências de liderança, competências socioemocionais e interpessoais e competências em gestão de pessoas. Também demanda capacidade de "gestão acima" – trabalhar bem com pessoas que estão acima na hierarquia – e de "gestão abaixo" – trabalhar bem com as pessoas que estão abaixo na hierarquia. Tipos de trabalho mais complexos exigem níveis de inteligência mais altos; não seria injusto, porém, observar que gestão e inteligência nem sempre caminham de mãos dadas. Às vezes, charme e autoconfiança parecem suficientes para conquistar uma promoção.

Motivação

O requisito seguinte é um fator que tende a ser negligenciado ou ignorado pelos gestores mais "durões": *motivação*. Duas são as perguntas a fazer sobre o nível de motivação e para onde se direciona a motivação. É importante que a pessoa seja motivada, ambiciosa e queira ser líder eficaz. A questão mais negligenciada, porém, é *motivada para fazer o quê?* Será que o especialista em TI, o contador ou o enfermeiro querem se tornar líder ou gestor? Se estão motivados para usar sua *expertise* na linha de frente, uma função gerencial, nesses casos, talvez seja profundamente desmotivadora. Se a pessoa está interessada em se tornar líder, pergunte por quê. Para quem se sentir impulsionado por dinheiro, poder, influência, independência ou benevolência, a motivação pode exercer forte influência sobre o desempenho. Nunca subestime a importância da motivação como fator de sucesso. Sem motivação, as melhores competências de pouco adiantarão, e a pessoa tenderá a fracassar.

Reputação

O terceiro fator, diferentemente da inteligência, pode ser construído e desenvolvido. Trata-se, porém, de besta difícil de domesticar, que nunca se deixa controlar totalmente pelo dono: *reputação*. Os líderes bem-sucedidos compreendem a importância de desenvolver, preservar e melhorar os relacionamentos e de gerenciar a reputação. Quem conquista a reputação de ser justo, ético, trabalhador e bom no ofício pode confiar na influência da reputação sobre os outros ao seu redor. Já os que têm fama de ter pavio curto, de não perdoar e de serem agressivos podem usar essa reputação de maneiras diferentes. O pessoal de marketing e de comunicações geralmente são acusados de focar no desenvolvimento da reputação sem muito fundamento. Os trabalhadores com menos inteligência emocional ignoram a própria reputação no trabalho por sua conta e risco. Quando, no entanto, é grande o fosso entre a reputação e o comportamento efetivo do gestor no trabalho, a reputação fica comprometida. A reputação é importante, mas a reputação ideal varia muito, em função da organização e da situação.

Você não lidera atingindo as pessoas na cabeça – isso é agressão, não liderança.
Dwight Eisenhower

Ter apenas um ou dois dos três fatores acima simplesmente não é suficiente. A falta de capacidade leva rapidamente ao fracasso. Sem motivação, nada acontece. E a má reputação pode destruir em pouco tempo o que do contrário seria uma carreira promissora. Estigmas, como *A Letra Escarlate*, podem perseguir alguém durante toda a vida. O seguinte estudo de caso é um exemplo importante de como as coisas podem descarrilar quando a pessoa errada lidera uma empresa.

> **ESTUDO DE CASO:** *UM EXEMPLO DE DESCARRILAMENTO DA LIDERANÇA*
>
> Entre 1985 e 2001, a Enron teve uma ascensão espetacular e uma queda igualmente fabulosa e vertiginosa. Uma das principais causas do fracasso da empresa geralmente é atribuída ao fiasco da liderança. Embora os líderes fossem extraordinariamente inteligentes e talentosos, o que muito contribuiu para o sucesso inicial da empresa, a inteligência sozinha também se tornou problema. No desfecho, os comentaristas geralmente concordavam que os líderes da Enron mostraram-se incrivelmente inteligentes mas também tremendamente incompetentes para dirigir a empresa.
>
> Eles conseguiram criar a ilusão de empresa bem-sucedida por meio de algumas medidas de contabilidade criativa que os fazia parecer muito mais capazes do que eram na realidade. Para tanto, desenvolveram um sistema complexo para ocultar vastas quantias de dívidas e inflar os lucros. Tudo se esgarçou

em 2001, quando contabilizaram perda de US$ 618 milhões e a US Securities and Exchange Commission, a CVM americana, descobriu fraudes financeiras em grande escala. Esse é um ótimo exemplo do Princípio de Peter e da Ilusão do Desempenho em ação. A empresa pode ter tido uma equipe fantástica, extremamente motivada, que fazia qualquer coisa para fazê-la parecer lucrativa e ganhar muito dinheiro com isso. No entanto, embora fossem altamente competentes, inteligentes e motivados, seus líderes acabaram enfrentando graves problemas, o que provocou colapso fulminante e inevitável da empresa.

Durante um breve período de tempo, a Enron pareceu ser uma das maiores empresas do mundo. Os investidores (muitos deles eram empregados) perderam bilhões de dólares quando o preço da ação mergulhou de US$ 90 para menos de US$ 1. Cinco mil empregados perderam o emprego e muitos deles também as pensões, enquanto os executivos pagaram a si mesmos bônus maciços durante anos.

A Enron não é o primeiro caso desse tipo e por certo não será o último. O moral da história, porém, é extremamente claro: o custo de manter gestores e líderes errados tende a ser assombroso. É fundamental que gestores e líderes tenham as competências, as qualificações e os atributos necessários para liderar com sucesso.

Conclusão

Não há garantia de que um trabalhador de alto desempenho, em qualquer função, será necessariamente bom gestor ou bom líder. Disso não se conclui que um bom técnico ou especialista não será capaz de aprender a ser bom líder – muitos podem e serão. Para tanto, precisam de oportunidades de treinamento e desenvolvimento adequadas para construir, desenvolver e dominar as novas competências.

Do mesmo modo, não se deve assumir que o trabalhador de alto desempenho sempre quer avançar de uma função de especialista para uma função de liderança. Os descarrilamentos no trabalho são frequentes quando se promove um *top performer* de uma função técnica ou especializada, de que gosta e que exerce com maestria, para uma função de gestão ou liderança. É como que transplantado de seu habitat natural para um ambiente hostil, para o qual deverá ser preparado e adaptado, sem nenhuma certeza de êxito. Os grandes executores podem ser grandes gestores, mas nada garante o sucesso do transplante.

Referências

BURKE, J. P.; DEPOY, E. An Emerging View of Mastery, Excellence, and Leadership in Occupational Therapy Practice. *American Journal of Occupational Therapy*, v. 45, n. 11, p. 1027–32, 1991.

MacRAE, I.; FURNHAM, A. *High Potential:* How to Spot Manage and Develop Talented People at Work. Londres: Bloomsbury, 2014.

MacRAE, I.; FURNHAM, A. *Motivation and Performance*: A Guide to Motivating a Diverse Workforce. Londres: Kogan Page, 2017.

PETER, L, J.; HULL, R. *The Peter Principle:* Why Things Always Go Wrong. Londres: Souvenir Press Ltd, 1994.

MITO 26

UM COMPUTADOR FARÁ O SEU TRABALHO

Para alguns tipos de trabalho, a automação está longe de ser prática, realista e eficaz em relação ao custo.

Introdução

Os efeitos dos computadores e robôs no local de trabalho e na força de trabalho têm despertado muito interesse, entusiasmo e preocupação. Os programas de computador podem substituir profissões, como os agentes de viagem e os caixas de bancos logo descobriram, com muita rapidez e enorme consternação. Dentistas, líderes religiosos, professores e editores também descobriram que seus *insights* singulares, seus conhecimentos especializados e suas competências sociais são muito mais difíceis de substituir por máquinas e algoritmos.

Um estudo de Frey e Osborne (2013), da Universidade de Oxford, estimou que quase 50% dos postos de trabalho estavam ameaçados pela automação e robotização, mas previram diferenças substanciais nos diversos setores. Por exemplo, calcularam a chance de os computadores assumirem as funções ou posições dos trabalhadores e previram probabilidade muito alta para operadores de telemarketing (99%), contadores e auditores (94%), e vendedores de varejo (92%). As probabilidades mais baixas foram para terapeutas recreacionais (0,0%), dentistas (0,7%) e clérigos (0,8%). É fácil imaginar a Apple ou o Google desenvolvendo aplicativos para contabilidade e vendas. É muito mais difícil imaginar um app Apple iNun (serviços religiosos) ou um Google ToothXtract me (serviços odontológicos) se tornarem sucesso da noite para o dia.

Esse é um mito impossível de questionar sem uma análise mais detalhada da natureza do trabalho e do setor de atividade. Para alguns tipos de trabalho, a automação está longe de ser prática, realista e eficaz em relação ao custo. Outros tipos de trabalho já vislumbram a automação a observá-los no horizonte, se não já estiver a caminho.

Funções que podem ser substituídas pelo computador

Artigo da *MIT Technology Review* (ROTMAN, 2013) sugere que o trabalho humano está sendo substituído por máquinas há pelo menos 300 anos, desde a Revolução Industrial. Os trabalhadores manuais continuamente são substituídos por máquinas e robôs, com aumento do volume de trabalho e redução das horas trabalhadas, com a ajuda de inteligência artificial.

Mesmo no século XX, por exemplo, quando ocorreu grande aumento da produtividade agrícola nos Estados Unidos, o emprego na agricultura caiu de 41% da população em 1900, para 2% no ano 2000. Considerando os níveis das safras, isso significa que no curso de cem anos os agricultores americanos aumentaram a produção em 800% com apenas 5% da população ativa. A Figura 26.1, abaixo, mostra o que isso significa para o emprego e para a produtividade (com base em estatísticas de Alston *et al*, 2010; Dmitri, Effland e Conklin, 2005). Em 100 anos, 1% da população ativa era capaz de produzir volumes 160% superiores.

Figura 26.1: Mudanças na produção e no emprego agrícola nos Estados Unidos

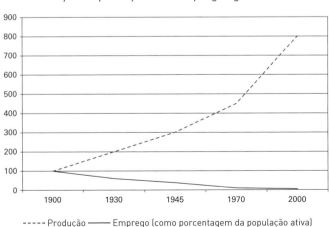

----- Produção ——— Emprego (como porcentagem da população ativa)

Qualquer trabalho que seja relativamente rotineiro, previsível e repetitivo, desde vendas no varejo, que podem migrar para a internet, até tarefas de rotina, como as de armazenamento, expedição e logística, podem ser automatizadas para aumentar a produtividade e reduzir os custos. Um tipo de robô de depósito, por exemplo, é capaz de quadruplicar a produtividade de um depósito, ao substituir seus colegas humanos. Os robôs não têm dissídios coletivos, não ajuízam reclamações trabalhistas, não estão sujeitos à legislação do trabalho, não precisam de repouso remunerado, e sempre sabem onde está o produto. São facilmente intercambiáveis e substituíveis.

A perda de emprego é ameaça extremamente atraente para políticos populistas, que, sem o mínimo acanhamento, prometerão o retorno de milhares ou milhões de empregos para as empresas e comunidades que perderam postos de trabalho, principalmente em determinados setores de atividade. O próximo estudo de caso mostra como os postos de trabalho que foram destruídos pela automação tendem a ser irrecuperáveis.

ESTUDO DE CASO: *AUTOMAÇÃO*

Lawrence Katz, professor de Economia da Universidade Harvard, vê a automação como uma revolução no mercado de trabalho, que quase poderia destruir as tradicionais funções de produção em fábricas (THOMPSON, 2015). Os cinturões de aço da classe operária, áreas de trabalho manual bem remunerado para os americanos esperançosos de meados do século XX, estão virando ruínas enferrujadas, e, enquanto alguns políticos culpam a globalização, o livre comércio, os países emergentes e outros fatores externos, o professor Katz afirma que "no longo prazo, a tecnologia tem sido, de longe, muito mais impactante" (MILLER, 2016).

Como a agricultura, a indústria siderúrgica americana tem registrado forte declínio nos níveis de emprego, sem queda correspondente na produtividade. Entre 1962 e 2005, as empresas siderúrgicas dos Estados Unidos perderam cerca de 75% da força de trabalho, embora mantendo o mesmo nível de produção, conforme estudo publicado na *American Economic Review* (COLLARD-WEXLER; DE LOECKER, 2015).

Em outras palavras, quando apenas um quarto dos trabalhadores gera o mesmo volume de produção, a indústria tornou-se quatro vezes mais produtiva.

A automação produz o efeito de eliminar alguns ofícios e criar outros, mas os novos ofícios raramente se relacionam com as funções que foram extintas. Os trabalhos manuais, de produção ou de baixa qualificação, tendem a ser substituídos por posições altamente técnicas ou especializadas. São os trabalhos do futuro, mas, quase sempre, não serão para os trabalhadores que perderam o emprego devido à automação e à robotização.

Miller (2016) conta as histórias de muitos trabalhadores de *swing states* americanos, geralmente indecisos entre republicanos e democratas, muitos deles grandes produtores de aço, que perderam vastas quantidades de postos de trabalho industriais, descambando para ofertas de emprego de baixa remuneração e alta instabilidade, como os trabalhos intermitentes e em tempo parcial. As consequências da automação são um segredo de polichinelo, sem indícios de arrefecimento. Num espetáculo de populismo, o presidente dos Estados Unidos, Donald Trump, alardeou a preservação de empregos na Carrier Systems, do setor de HVAC (aquecimento, ventilação e ar-condicionado). Promessa: o governo investiria na empresa em troca da não terceirização da produção para o México. O CEO da empresa logo concordou com a proposta, mas disse que o dinheiro investido seria gasto com automação e que "no fim, isso significava menos empregos" (citado em Miller, 2016).

Funções que são difíceis de automatizar

Muitos postos de trabalho estão na linha de frente da automação, na iminência de serem substituídos pela inteligência artificial, nos próximos meses, anos ou décadas. Outros estão mais seguros porque são muito mais difíceis de serem executados por computadores ou robôs. Os riscos não são de modo algum os mesmos nos diferentes ofícios e setores.

Frey e Osborne (2013) delineiam os tipos de trabalho que os computadores dificilmente substituirão nas próximas décadas:

➤ **Tarefas de inteligência criativa.** Qualquer função em que o indivíduo tenha que desenvolver novas ideias criativas, originais e singulares, difíceis de automatizar ou robotizar. As tarefas repetitivas, compostas de etapas e passos que sempre seguem a mesma ordem são por definição facilmente automatizadas. Se o processo for uniforme, sequencial e invariável e o resultado for homogêneo e constante, talvez o ofício possa ser executado por inteligência artificial. Se o resultado for em grande parte incerto e variável e a solução envolver criatividade e inventividade, a automação será difícil. A inteligência artificial pode ser capaz de gerar resultados "novos", como imagens inéditas, mas esse ineditismo tem o sentido de aleatoriedade e casualidade, não de criatividade e imaginação. Para a inteligência artificial é muito difícil conceber novas soluções para as quais as máquinas não foram programadas. Computadores e robôs podem reconhecer padrões e executar ações predefinidas, mas não podem apreender situações e conceber soluções sem precedentes.

➤ **Tarefas que exigem competências socioemocionais.** As máquinas podem ser programadas para executar uma sucessão de ações e completar tarefas repetitivas e sequenciais, mas não são capazes de compreender emoções, apreender essências, abstrair conceitos ou detectar e mimetizar sentimentos e pensamentos e contextos sociais matizados, com 50 tons de cinza. Os computadores e robôs carecem da capacidade de ter empatia e de se solidarizar, de pôr-se no lugar dos outros e de cuidar do próximo. Embora as máquinas possam dar a impressão de zelar e cuidar ao serem programadas de maneira adequada, elas não se sintonizam com sentimentos e emoções, que é o principal requisito para esse tipo de trabalho.

Embora sejam contínuos os esforços para capacitar os computadores a executar tarefas que exijam inteligência criativa e competências socioemocionais (SCHERER; BÄNZIGER; ROESCH, 2010; BROEKENS; HEERINK; ROSENDAL, 2009), as máquinas ainda estão muito longe de desenvolver essa capacidade. Metalúrgicos, vendedores de varejo, operadores de máquinas, e motoristas e estoquistas talvez tenham motivos para se preocupar com seu emprego no próximo ano ou daqui a dez anos. Designers de moda, cirurgiões e profissionais de relações públicas têm menos motivos para se preocupar em ser substituídos por computadores.

Conclusão

Embora seja relativamente fácil prever alguns ofícios em que os trabalhadores humanos serão substituídos por máquinas, há outros cujo destino parece imprevisível. Também pode ser difícil imaginar os novos postos de trabalho a serem criados pela tecnologia. Ofícios como gestores de mídias sociais, desenvolvedores de aplicativos, especialistas em computação na nuvem ou operadores de drones são relativamente recentes. Muitos dos novos postos de trabalho, porém, dependerão dos mesmos avanços na tecnologia e na inteligência artificial.

Há um grande conteúdo de verdade na ideia de que a tecnologia pode substituir o trabalho humano. Muitos postos de trabalho por certo serão eliminados por robôs. No caso dos ofícios relativamente fáceis de automatizar, não se trata de mito; já quanto às funções que exigem inteligência criativa e competências socioemocionais, a inteligência artificial é uma ameaça muito remota.

Referências

ALSTON, J. M. *et al. Persistence Pays:* US Agricultural Productivity Growth and the Benefits from Public R&D Spending. Nova York: Springer, 2010.

BROEKENS, J.; HEERINK, M.; ROSENDAL, H. Assistive Social Robots in Elderly Care: A Review. *Gerontechnology*, v. 8, n. 2, p. 94–103, 2009.

COLLARD-WEXLER, A.; DE LOECKER, J. Reallocation and Technology: Evidence from the US Steel Industry. *American Economic Review*, v. 105, n. 1, p. 131–71, 2015.

DIMITRI, C.; EFFLAND, A.; CONKLIN, N. The 20th-Century Transformation of US Agriculture and Farm Policy. *Economic Information Bulletin Number 3*, United States Department of Agriculture, 2005.

FREY, B. C.; OSBORNE, M. A. The Future of Employment: How Susceptible Are Jobs to Computerization? *Oxford Martin*, 2013. Disponível em: <http://www.oxfordmartin.ox.ac.uk/downloads/academic/The_Future_of_Employment.pdf>.

MILLER, C. C. The Long-Term Jobs Killer Is Not China. It's Automation. *New York Times*, 21 dez. 2016. Disponível em: <https://www.nytimes.

com/2016/12/21/upshot/the-long-term-jobs-killer-is-not-china-its-automation.html>.

ROTMAN, D. How Technology Is Destroying Jobs. *MIT Technology Review*, jul./ago. 2013.

SCHERER, K. R.; BÄNZIGER, T.; ROESCH, E. B. *Blueprint for Affective Computing:* A Sourcebook and Manual. Oxford: Oxford University Press, 2010.

THOMPSON, D. A World Without Work. *The Atlantic*, 5 jul. 2015. Disponível em: <https://www.theatlantic.com/magazine/archive/2015/07/world-without-work/395294/>

MITO 27
OS ESCRITÓRIOS DE PLANO ABERTO SÃO SEMPRE A MELHOR OPÇÃO

Esses tipos de espaço de trabalho estão efetivamente deixando algumas pessoas mais doentes.

Em 2015, Mark Zuckerberg, criador do Facebook, fez o que muitos CEOs tinham feito antes – mudou a equipe para um *open-plan office* (escritório de plano aberto). Bem no âmago da nova sede social do Facebook, mais de 2.800 empregados passaram a trabalhar numa sala com pouco mais de 1.600 metros de comprimento. E, assim, o Facebook se juntou a uma longa sucessão de empresas que aderiram ao conceito de ambiente de trabalho sem barreiras. Mais de 70% dos escritórios nos Estados Unidos agora não têm paredes, nem portas.

Na década de 1950, arquitetos modernistas projetaram o escritório de plano aberto – definido como amplo espaço, num mesmo plano, composto de áreas de trabalho comuns, sem obstruções, e umas poucas salas privativas – para atenuar a labuta diária dos trabalhadores, e derrubaram paredes na tentativa de levar as pessoas a falar umas com as outras e a desenvolver relacionamentos. Uma equipe de design alemã desenvolveu um sistema de cubículos, criando o que é conhecido como *office landscape* (escritório panorâmico), no intuito de infundir um pouco de alma nos ambientes de trabalho. Esse conceito, que utilizava móveis e geometria orgânica para construir um escritório panorâmico aberto, tinha o propósito de fomentar a inovação, a produtividade e novos relacionamentos.

As empresas apressaram-se em adotar esse sistema. Teria tudo isso o intuito de liberar os trabalhadores? Dar-lhes mais flexibilidade e espaço? Não, é a resposta. Foi principalmente para entulhar tantos trabalhadores quanto possível num salão, o que acarreta redução de custos... *hipoteticamente*.

À medida que aumentava o número de escritórios de plano aberto, também aumentavam as pesquisas sobre sua eficácia. O consenso geral parece ser o de que esses espaços de trabalho modernos não correspondem muito às altas expectativas. Davis, Leach e Clegg (2011) analisaram mais de 100 estudos sobre a utilidade dos escritórios de plano aberto, e concluíram que esse ambiente de trabalho é prejudicial para a satisfação dos trabalhadores, por aumentar o nível de ruído e de distração em consequência da redução da privacidade. E essas são apenas algumas das questões suscitadas pelos escritórios de plano aberto.

Como o escritório de plano aberto matou a produtividade

O ambiente de trabalho aberto comparado com os tradicionais promove uma atmosfera mais ruidosa e disruptiva. As distrações por ruído são abundantes no escritório, como toques de telefones; movimento de pessoas entrando, saindo e passando; ou os bate-papos entre colegas, às vezes em pontos distantes. A Organização Mundial da Saúde (WHO, 2012) relatou que esse alto nível de ruído resulta em mais de £ 30 bilhões de prejuízo por ano, em toda a Europa – definitivamente, nada pouco significativo como as empresas supunham de início!

Parte dessas perdas decorre do aumento das faltas por doença, em cotejo com os níveis anteriores à mudança para escritórios de plano aberto. É verdade! Esses novos ambientes de trabalho estão deixando as pessoas *mais doentes* – as doenças, inclusive, espalham-se com mais rapidez quando mais de 20 pessoas compartilham o mesmo ambiente. Numa comparação entre trabalhadores suecos, que trabalham em ambientes mais restritos, e os que trabalham em escritórios de plano aberto, Danielsson e colegas (2014) relataram que as pessoas que trabalham em escritórios de plano aberto eram quase duas vezes mais propensas a faltar ao trabalho durante curtos períodos (uma semana ou menos) do que aqueles que trabalhavam em ambientes mais privativos.

Enquanto, teoricamente, a poluição acústica possa ser reduzida com um par de protetores auriculares ou auditivos, a poluição visual é mais difícil de superar. Numerosos fatores de distração inevitáveis invadem o campo visual do trabalhador, levando-o a desviar os olhos das telas. Em média, os trabalhadores se distrairão a cada 11 minutos durante o dia de trabalho (STEELCASE, 2014)! Isso dificulta ainda mais o trabalho multitarefa e a atividade focada, sobretudo ler e escrever.

O tamanho único nem sempre é adequado

Embora os escritórios de plano aberto funcionem bem para alguns grupos de trabalhadores, eles nem sempre são eficazes para todos. Há, sem dúvida, diferenças geracionais quanto ao *layout* de escritório mais adequado para diferentes faixas etárias. As gerações mais velhas, afeitas a formas de trabalho mais tradicionais, tendem a ser as mais contundentes em relação às queixas contra os escritórios de plano aberto.

Os *Millennials*, por outro lado, mostram-se mais otimistas com esse *layout*, considerando que a maioria não conheceu nenhum outro tipo de ambiente de trabalho. Os escritórios de plano aberto podem ser mais apropriados para trabalhadores mais jovens, mais propensos a *trade-offs*; muitos acreditam que a falta de privacidade e os níveis de ruído são compensados pela melhor interação entre equipes e amigos.

Essas conclusões também se aplicam aos extrovertidos, que valorizam as interações espontâneas e a facilidade de comunicação com os colegas. Por outro lado, os escritórios de plano aberto podem ser prejudiciais às experiências de trabalho dos introvertidos, em face da alta sensibilidade deles aos estímulos externos. O ruído contínuo e as distrações visuais, assim como as interações inevitáveis, podem resultar em níveis de estresse mais altos e em níveis de desempenho mais baixos para os introvertidos. Os extrovertidos têm maior probabilidade de se beneficiar com a presença dessas distrações (até certo ponto – até os extrovertidos têm seus limites). Vasta literatura fundamenta essas afirmações e muitos pesquisadores concluíram que o desempenho dos introvertidos piora em tarefas que exigem capacidade cognitiva (por exemplo, testes de memória) na presença de ruído de fundo, como música, em comparação com o desempenho em ambientes silenciosos (CASSIDY; MACDONALD, 2007).

Comunicação aberta, mas perda de privacidade

Pode-se argumentar que os *layouts* de plano aberto facilitam a comunicação entre os trabalhadores. Em vez de enviar um e-mail, basta rolar a cadeira uns dois metros e ter uma conversa rápida com o colega ao lado. Em que medida, porém, esses tipos de conversas são úteis e se limitam apenas a assuntos relacionados com o trabalho?

Como se pretendia, novas ligações inesperadas surgem entre os colegas em consequência dessa facilidade de interação nos escritórios de plano aberto. No entanto, como efeito colateral, parece ocorrer certa perda nos níveis de desempenho. Tudo indica que a melhoria da comunicação revelou-se prejudicial à concentração e à criatividade dos trabalhadores.

Ainda mais importante, a redução da privacidade também provoca quedas acentuadas na qualidade do trabalho, na medida em que as pessoas sentem menor nível de controle e engajamento no trabalho (KIM; DEAR, 2013). É possível que a percepção de controle atue como moderador das distrações que afetam os trabalhadores no escritório. Ou talvez a sensação de empoderamento que se associa à percepção de controle constitua poderoso motivador para realizar mais, em menos tempo (LEE; BRAND, 2005). A mais recente loucura, a chamada *hot desking*, em que as pessoas não têm mesa fixa e ficam com a primeira disponível, tampouco atenua a sensação de falta de controle do ambiente pelos trabalhadores.

Conclusão

Embora o escritório de plano aberto continue sendo o *layout* preferido em todo o planeta, sua eficácia é limitada. Nenhuma arquitetura de escritório é perfeita e os *trade-offs* sempre estarão presentes. Portanto, os tipos de trabalhadores e os tipos de empresas são considerações relevantes na escolha do projeto arquitetônico. Trabalhos como redação, finanças e outras disciplinas, que exigem concentração profunda, talvez devam descartar o *layout* de plano aberto em favor de alternativas mais tradicionais.

Referências

CASSIDY, G.; MACDONALD, R. A. R. The Effect of Background Music and Background Noise on the Task Performance of Introverts and Extroverts. *Psychology of Music*, v. 35, n. 3, 2007.

DANIELSSON, C. *et al*. Office Design's Impact on Sick Leave Rates. *Ergonomics*, v. 57, n. 2, p. 139–47, 2014.

DAVIS, M.; LEACH, D. J.; CLEGG, C. W. The Physical Environment of the Office: Contemporary and Emerging Issues. *International Review of Industrial and Organizational Psychology*, v. 26, p. 193–235, 2011.

KIM, J.; DEAR, R. Workplace Satisfaction: The Privacy–Communication Trade-Off in Open-Plan Offices. *Journal of Environmental Psychology*, v. 36, p. 18–26, 2013.

LEE, S.; BRAND, J. Effects of Control over Office Workspace on Perception of the Work Environment and Work Outcomes. *Journal of Environmental Psychology*, v. 25, p. 323–33, 2005.

THE Privacy Crisis: Taking A Toll on Employee Engagement. *Steelcase*, 2014. Disponível em: <https://www.steelcase.com/insights/articles/privacy-crisis/>.

BURDEN of Disease from Environmental Noise. *WHO*, 2012. Disponível em: <http://www.euro.who.int/en/publications/abstracts/burden-of-disease-from-environmental-noise.-quantification-of-healthy-lifeyears-lost-in-europe>.

LEIA TAMBÉM

RECEITA PREVISÍVEL
Aaron Ross & Marylou Tyler
TRADUÇÃO Celina Pedrina Siqueira Amaral

PETER DRUCKER: MELHORES PRÁTICAS
William A. Cohen, PhD
TRADUÇÃO Afonso Celso da Cunha Serra, Celina Pedrina Siqueira Amaral

A BÍBLIA DA CONSULTORIA
Alan Weiss, PhD
TRADUÇÃO Afonso Celso da Cunha Serra

TRANSFORMAÇÃO DIGITAL
David L. Rogers
TRADUÇÃO Afonso Celso da Cunha Serra

CUSTOMER SUCCESS
Dan Steinman, Lincoln Murphy, Nick Mehta
TRADUÇÃO Afonso Celso da Cunha Serra

INTELIGÊNCIA EMOCIONAL EM VENDAS
Jeb Blount
TRADUÇÃO Afonso Celso da Cunha Serra

MITOS DA LIDERANÇA
Jo Owen
TRADUÇÃO *Afonso Celso da Cunha Serra*

OS SONHOS DE MATEUS
João Bonomo

MITOS DA GESTÃO
Jo Owen
TRADUÇÃO *Afonso Celso da Cunha Serra*

IoT INTERNET DAS COISAS
Bruce Sinclair
TRADUÇÃO *Afonso Celso da Cunha Serra*

CONFLITO DE GERAÇÕES
Valerie M. Grubb
TRADUÇÃO *Afonso Celso da Cunha Serra*

Este livro foi composto com tipografia Bembo e impresso
em papelOff-White 70 g/m² na Assahi.